Gina Kästele

Und plötzlich wieder Single

D1665084

Gina Kästele

Und plötzlich wieder Single

Eine Trennung bewältigen und neue Perspektiven entwickeln

Kösel

Dr. Gina Kästele bietet Seminare unter anderem zum Thema
dieses Buches an. Informationen erhalten Sie unter folgender Anschrift:

Dr. Gina Kästele
Athener Platz 5
81545 München
Tel.: 0 89/64 55 00
Mail: kaestele@gmx.de
www.psychotherapie-beratung.de

Weiterführende Arbeitsblätter und Materialien konkret zum Inhalt dieses
Buches finden Sie auf der Website www.und-plötzlich-wieder-single.de.

Sollte diese Publikation Links auf Webseiten Dritter enthalten, so übernehmen wir für deren Inhalte keine Haftung, da wir uns diese nicht zu
eigen machen, sondern lediglich auf deren Stand zum Zeitpunkt der
Erstveröffentlichung verweisen.

MIX
Papier aus verantwor-
tungsvollen Quellen
FSC
www.fsc.org   FSC® C014496

Verlagsgruppe Random House FSC® N001967

10., überarbeitete und neu gestaltete Auflage
Copyright © 2011 Kösel-Verlag, München,
in der Verlagsgruppe Random House GmbH,
Neumarkter Str. 28, 81673 München
Umschlag: Kaselow Design, München
Umschlagfoto: Getty Images / Jack Flash
Druck und Bindung: GGP Media GmbH, Pößneck
Printed in Germany
ISBN 978-3-466-30916-0
www.koesel.de

Dieses Buch ist auch als E-Book erhältlich.

Inhalt

Einführung

Nur auf dem Pfad der Nacht erreicht man die Morgenröte.

Khalil Gibran

Trennung und Scheidung sind heutzutage zu alltäglichen Phänomenen geworden. Wenn Sie selbst kürzlich eine Trennung erlebt haben, wird Sie dieses Buch bei der Bewältigung einer Trennungserfahrung begleiten und Ihnen helfen, sich mit Ihrer veränderten Lebenssituation zurechtzufinden. Ganz unabhängig davon, ob Sie nur ein paar Monate oder mehrere Jahre mit einem Partner verbunden waren: Eine Trennung ist ein schmerzlicher Prozess, in dessen Verlauf sich intensive Gefühlsreaktionen einzustellen beginnen.

In der ersten Zeit des Auseinandergehens können Sie Gefühle der Unsicherheit, des Zweifels und der Trauer erleben. Negative Zukunftsfantasien, die mit Zukunftsängsten verbunden sind, werden vermehrt auftreten. Unabhängig davon, ob Sie selbst oder Ihr Partner die Trennung eingeleitet haben, können Sie sich depressiv, ängstlich, hilflos und kraftlos fühlen. (Aus Gründen sprachlicher Vereinfachung verwende ich hier und auch im Folgenden die männliche Form »Partner« usw.) Vielleicht leiden Sie auch unter Schuldgefühlen, weil Sie sich an vermeintliche Versäumnisse der Vergangenheit erinnern. Im ungünstigsten Fall geben Sie sich in solchen Momenten die alleinige Verantwortung für das Scheitern der Beziehung.

Eine Trennung ist für die Betroffenen eine Krisensituation, die ambivalente Gefühle und Gedanken auslöst. Phasen, in denen Sie Ihre Lage nüchtern und sachlich betrachten können, wechseln sich mit Phasen ab, in denen Sie glauben, sich allein nicht zurechtzufinden. Die durch eine Trennung bedingten inneren und äußeren Schwierigkeiten scheinen sich dann aufzutürmen und werden als bedrohlich und als nicht zu bewältigend erlebt.

In Trennungssituationen entstehen neben den emotionalen und gedanklichen Verstrickungen zusätzliche Belastungen, wenn sich die Wohnsituation ändert und dadurch finanzielle Einbußen in Kauf genommen werden müssen oder – wie das bei Scheidungen oft der Fall ist – gerichtliche Auseinandersetzungen folgen. Freunde geben in dieser belastenden Lebens- und Gefühlssituation oft gut gemeinte Ratschläge, sind jedoch in der Regel damit überfordert, die im Zusammenhang mit der Trennungskrise aufbrechenden Gefühle über einen längeren Zeitraum hinweg zu begleiten oder Hilfe bei der Klärung materieller Angelegenheiten zu leisten.

Die Bewältigung der neuen Lebenssituation erfordert Fähigkeiten, die Sie während der akuten Krisenphase noch nicht aufgebaut haben. Ihr Leben verändert sich häufig auf eine ungewohnte Art und Weise – so wie Sie sich das niemals vorher vorgestellt oder gewünscht hätten.

Dieses Buch ist für Sie ganz besonders gut geeignet, wenn einige der nachfolgend genannten Punkte bei Ihnen zutreffen:

> ständige gedankliche Beschäftigung mit der Trennung und den damit verbundenen Konsequenzen;
> Verlust an Selbstvertrauen und das Gefühl, alleine nichts wert zu sein;
> unkontrolliertes Verhalten den Kindern gegenüber;
> Missbrauch von Alkohol und Medikamenten, um die mit der Trennung verbundenen Gefühlsschwankungen auszuhalten;
> Schuld- und Schamgefühle;
> Selbstmordgedanken;

) verzweifelte Bemühungen, den verlorenen Partner zurückzugewinnen;

) Wut- und Rachegefühle gegen den verlorenen Partner oder
dessen neue Beziehung.

Die Geschichte von Beziehungen: Hoffnungen, Wünsche und verlorene Träume

Liebe hatte für beide aufgehört, eine Reise, ein Abenteuer, eine Geschichte der Hoffnung zu sein.

Margaret Drabble

Trennung ist wie eine innere Kündigung. Menschen, die zueinander fanden, weil sie Gefühle der Zärtlichkeit und Liebe füreinander empfanden, verstehen sich nicht mehr. Die Person, die Sie zu lieben glaubten, scheint sich verändert zu haben und sich so zu verhalten, wie Sie sich das vorher kaum hätten vorstellen können. Träume, die miteinander verbanden, zerbrechen.

Sie hatten sich in Ihrer Vergangenheit vertrauensvoll auf einen Menschen eingelassen, mit dem Sie Pläne schmiedeten und hofften, miteinander eine gemeinsame Zukunft zu haben. Wie in einer tragischen Geschichte begann sich langsam und anfangs kaum merkbar die Situation zu verändern. Die liebevollen Worte und Komplimente wurden seltener und verstummten schließlich. Das gegenseitige Interesse ließ nach, die Handlungen Ihres Partners verliefen anders, als Sie erwarteten, und die Unstimmigkeiten nahmen zu. Sie entdeckten bei Ihrem Gegenüber Eigenschaften, die Ihnen zunehmend missfielen und mit denen Sie nicht angemessen umgehen konnten.

Bevor Sie oder Ihr Partner an Trennung dachten, gab es sicherlich eine Fülle von gut gemeinten Versuchen, wie zum Beispiel das gemeinsame Gespräch, um Unstimmigkeiten zu klären, das rücksichtsvolle Schweigen, das Bemühen um Toleranz und die Absicht, Konflikte zu verdrängen, um ihnen aus dem Weg zu gehen, und gelegentliche, mehr oder weniger aggressive Streitsituationen, in denen einer von Ihnen oder Sie beide versuchten, Ihre Meinungen durchzusetzen. Vielleicht gab es auch die Flucht nach außen, um bei Freunden aufzutanken oder sich gemeinsam mit diesen gegen den Partner zu verbünden.

Es blieb jedoch der Eindruck, in eine unlösbare Aufgabe verstrickt zu sein, die von Tag zu Tag immer belastender wurde. Ihre Gedanken oder die Ihres Partners kreisten zunehmend um die Möglichkeit einer Trennung und der damit verbundenen positiven und negativen Konsequenzen. Schließlich kam es dazu, dass tatsächlich einer von Ihnen beiden ohne Zustimmung des anderen oder auch Sie beide in gegenseitigem Einvernehmen die gemeinsame Beziehung beendeten. Sie traten aus einer schwierigen Beziehung heraus und fanden sich in einer neuen, noch unvertrauten Lebenssituation als Einzelperson wieder.

Der Tag der Entscheidung:
Sie werden Akteur und Regisseur Ihrer
sich verändernden Lebensgeschichte

Ihr Leben verändert sich! Bildlich gesprochen ist Ihre Situation so, als ob Sie sich in einem Boot befänden, das von der Strömung unaufhörlich weitergetragen wird. Sollte Ihr Partner die Trennung gewünscht und vollzogen haben, so hilft es Ihnen nicht, Ihr Boot auf Anker zu legen und abzuwarten, bis er sich wieder zu Ihnen gesellt, denn ein Partner, der sich wirklich zu einer Trennung entschlossen hat, kehrt nicht zurück. Ihre Aufgabe ist es, sich mit der Strömung in noch unbekannte Gewässer treiben zu lassen. Machen Sie sich dabei bewusst, sich in einer Ausnahmesituation zu befinden.

Der Weg in das »neue Leben« verläuft in kleinen Schritten. Die Ablösung von einer Ihnen vertrauten Person kann sich anfühlen wie eine schwierige Bergbesteigung. Am Fuß des Berges können sich Zweifel einstellen, ob der Aufstieg auf den vor Ihnen liegenden, steilen und extrem schwierig erscheinenden Pfaden überhaupt möglich ist. Mit jedem Schritt, den Sie gehen, finden Sie mehr über den Weg heraus. Manche Wegstrecken werden während des Aufstiegs mehr Mühe und Anstrengung kosten als andere. Vielleicht werden Sie auch manchmal mit dem Gehen innehalten, um genau zu überlegen, wohin Sie den nächsten Schritt setzen möchten. Ihre Mühe und Ihr Einsatz lohnen sich aber, denn Sie gelangen immer weiter nach oben, bis Sie letztlich den Gipfel erklommen haben. Von oben haben Sie einen Panoramablick auf die umliegenden Berge und die unter Ihnen liegenden Täler.

Ähnlich wird es sich darstellen, wenn Sie die gedankliche und emotionale Ablösung von Ihrem Partner erreicht haben. Sie haben Abstand, und eine neue Sicht der Situation wird möglich. Aus der Distanz heraus werden Sie besser wahrnehmen können, weshalb Ihre Beziehung auseinanderging. So schwierig sich heute die Ablösung von Ihrem Partner darstellen mag, so gehen Sie doch mit jedem weiteren Lebenstag der Neuorientierung entgegen. Jeder Anfang öffnet einen Raum, der neue Gelegenheiten bietet.

Eine Einladung zu einer Reise in die Zukunft

Das vorliegende Selbsthilfeprogramm möchte Sie bei der Bewältigung einer Trennungserfahrung begleiten und Ihnen helfen, besser mit Ihrer veränderten Lebenssituation zurechtzukommen. Es möchte Sie dazu ermutigen, neue und hilfreiche Sichtweisen aufzubauen.

Der erste Teil des Buches erleichtert es Ihnen, die im Rahmen eines Trennungsprozesses ablaufenden Phasen zu verstehen, mögliche Ursachen der Trennung zu überdenken und Ihre eigenen Gedanken und Gefühle dabei besser akzeptieren und einordnen zu können. Im darauffolgenden praktischen Übungsteil werden Sie dazu eingeladen, aktiv daran zu arbeiten, die Trennung positiv zu bewältigen, sich neu zu orientieren, das durch die Trennung beeinträchtigte Selbstvertrauen wieder aufzubauen und Zugang zu Ihrer inneren Kraft zu finden. Sie werden dazu angeregt, über Ihre persönlichen Gedanken, Gefühle und Reaktionsmuster nachzudenken. Die Übungen sind so aufgebaut, dass Sie selbst entscheiden können, mit welchem Kapitel und mit welcher Übung Sie beginnen möchten.

Jede schwierige Situation führt zu neuen Erkenntnissen und leitet Prozesse ein, die inneres Wachstum ermöglichen. Auch wenn Sie jetzt noch nicht wissen, weshalb die erlebte Trennung für Ihre Weiterentwicklung hilfreich ist, wird es irgendwann in der Zukunft einen Zeitpunkt geben, der Ihr heutiges Erleben sinnvoll erscheinen lässt. Sie werden dann Kraft aus der in dieser Zeit stattgefundenen inneren Entwicklung schöpfen.

WAHRHEIT
Eine Trennung ist ein Prozess, der zu Selbsteinsichten, innerem Wachstum und neuen Gelegenheiten führt.

HEILENDER GEDANKE
Das Leben ist eine Reise in die Zukunft.

Ein persönlicher Reisebegleiter: Das Neue-Wege-Tagebuch

Eine Trennung ist vergleichbar mit einer Wanderung durch eine dunkle, sternenlose Nacht. Sie können sich nur schwer orientieren und haben keinen Weitblick. Irgendwann jedoch beginnt die Morgendämmerung und im ersten Morgengrauen werden Sie Ihre Umgebung wieder wahrnehmen und ganz bewusst den Weg auswählen können, den Sie gehen möchten.

Zu Ihrem Reisegepäck auf dem unvertrauten Weg soll das Neue-Wege-Tagebuch gehören. In diesem Büchlein können Sie wie in einem Tagebuch die Geschichte Ihrer Beziehung mit all den geheimen Hoffnungen, Ängsten und Befürchtungen festhalten und ebenso Ihren Prozess der Ablösung mitverfolgen.

Das Büchlein kann ein tröstlicher Begleiter in einsamen Stunden sein. Es wird Ihnen dabei helfen, die im Zusammenhang mit der Partnerschaft auftretenden Gedanken und Gefühle zu ordnen. Sie werden während des Lesens dieses Buches gelegentlich dazu aufgefordert, Eintragungen vorzunehmen. Das Büchlein soll aufzeigen, in welcher Phase der Trennung Sie sich gerade befinden, und Sie in Kontakt mit persönlichen Stärken bringen.

Bevor Sie jetzt weiterlesen, sollten Sie sich ein wenig Zeit gönnen und sich ein hübsches Notizbüchlein besorgen, das künftig Ihr Neue-Wege-Tagebuch sein soll.

Schreiben Sie dann Ihren Vornamen und die Worte »Neue« und »Wege« auf die erste Seite Ihres Büchleins. Bekräftigen Sie Ihre innere Absicht mit einem Satz, der folgendermaßen klingen könnte:

Ich, (Ihr Vorname), bin bereit, mich von der Beziehung mit (Name des Partners) zu verabschieden.

Oder:

Ich, (Ihr Vorname), bin bereit, mein Leben neu zu gestalten.

Oder:

Ich, (Ihr Vorname), öffne mich für neue Wege.

Die genannten Sätze sind lediglich Vorgaben. Finden Sie einen eigenen Satz, der für Sie persönlich passt.

Die Aufzeichnungen in Ihrem Tagebuch werden Ihnen helfen, die mit der Trennung verbundenen Gefühle zu bewältigen. Es geht jetzt nicht nur um die Verabschiedung von bisherigen Wünschen und auf den Partner bezogenen Beziehungsideen, sondern auch darum, Ihren neuen Weg als Single so angenehm wie nur möglich zu gestalten. Ihr Neue-Wege-Tagebuch kann die vorläufige Funktion eines verständnisvollen Partners einnehmen. Alle Gefühle und Gedanken sind erlaubt und dürfen aufgeschrieben und mitgeteilt werden.

Mögliche Ursachen von
Trennung und Scheidung

In einer Beziehung zu leben heißt, miteinander Konflikte zu erleben und auch auszuhalten. In jeder Ehe oder eheähnlichen Verbindung gibt es Auseinandersetzungen, die nicht gleich zu einer Auflösung der Beziehung führen. Kommt es zu einer Trennung, spielen immer mehrere Faktoren eine Rolle.

An jede Beziehung sind Wunsch- und Idealvorstellungen geknüpft. Die Bereitschaft, eine Beziehung aufzulösen, ist größer, wenn sich wesentliche Erwartungen an die Verbindung nicht erfüllt haben und emotionale Bedürfnisse nicht ausreichend befriedigt werden können. Berufliche Situationen und damit verbundene Stressfaktoren bringen neue Anforderungen mit sich, die in eine Überforderung einmünden können, wenn die Erwartungen aneinander nicht mehr erfüllt werden und Auslöser zunehmender Unstimmigkeit sind. Die gestiegenen beruflichen Anforderungen begünstigen den Wunsch, sich in der Partnerschaft bei der geliebten Person anzulehnen und die emotionalen Bedürfnisse nach Verständnis, Wärme und Zärtlichkeit erfüllt zu bekommen. Die daraus resultierende Anspruchshaltung kann die Partnerschaft belasten und letztlich zu einer Trennung führen.

Nachstehend werden Gründe, die zu einer Trennung führen können, genannt. Analysieren Sie selbst, welche Gründe in Ihrem persönlichen Fall ausschlaggebend sind. Die Ausführungen sollen Ihnen helfen, die möglichen Ursachen des Scheiterns Ihrer persönlichen Beziehung neu und vielleicht aus anderer Sicht zu überdenken.

Interessen wandeln sich,
ungelebte Träume werden wach

Erinnern Sie sich an die erste Zeit Ihres Kennenlernens? Welche Gemeinsamkeiten haben Sie miteinander verbunden? Gab es gleichgeartete Hobbys oder gemeinsame Vorlieben im Hinblick auf die Freizeitgestaltung? Konnten Sie sich im Gespräch verständnisvoll austauschen und intellektuell gut miteinander harmonieren? War es die sexuelle Verbindung, die harmonisch und befriedigend verlief? Oder war es ganz einfach nur der Wunsch, sich zu binden und einzulassen, um gemeinsam eine Familie zu gründen?

In jeder Beziehung gibt es Momente, in denen die Frage auftaucht, was eigentlich noch verbindet. Je länger eine Beziehung andauert, desto wahrscheinlicher haben sich alte Interessen gewandelt und neue Vorlieben gebildet. Die Wege können sich dann trennen, wenn die gemeinsamen Interessen und Berührungspunkte in der Paarbeziehung abnehmen und die bisherigen Gemeinsamkeiten kritisch hinterfragt werden. Viele Dinge, die vor fünf oder zehn Jahren eine besondere Bedeutung sowohl für Sie als auch für Ihren Partner hatten, können an Attraktivität verloren haben. Nicht nur die Person, an die Sie sich gebunden haben, sondern auch Sie selbst haben sich im Laufe der Jahre verändert! In einer Beziehung ist dann der Zeitpunkt gekommen, die sich verändernden persönlichen Interessen und Wertigkeiten wahrzunehmen und die gemeinsam verbleibenden Lebensbereiche bewusst miteinander zu erleben und zu gestalten.

Maria verliebte sich in Max und heiratete ihn mit 23. Sie hatten sich in einem Eishockeyklub kennengelernt und bis die Kinder kamen, versäumten weder Max noch Maria ein Turnier. Als Maria mit 30 erstmals schwanger wurde, änderte sich die Lebensgestaltung. Sie verlor das Interesse am Eishockeysport und engagierte sich dafür, im Laufe der nächsten Ehejahre einen Secondhandladen für Kinderkleidung aufzubauen. Zehn Jahre später reichten beide die Scheidung ein. Da die Familie schon jahrelang kaum einen Abend oder ein Wochenende gemeinsam verbracht hatte, erschien beiden die Ehe nur noch wie eine unbefriedigende Pflichtgemeinschaft.

Das Beispiel zeigt, dass es weder Max noch Maria gelungen ist, sich mit der veränderten Lebenssituation, die sich durch die Geburt der Kinder und die unterschiedlichen beruflichen und sportlichen Interessen ergab, zu arrangieren. Sie haben sich aufgrund fehlender gemeinsamer Zeit, unterschiedlicher Lebensziele und entgegengesetzter Interessen auseinandergelebt.

Gerade in Partnerschaften, die früh eingegangen wurden, tritt die beschriebene Situation häufig ein. Bisher unterdrückte Wünsche und Bedürfnisse, wie zum Beispiel eine in jungen Jahren geplante Weltreise, auf die wegen der Beziehung verzichtet wurde, können wieder wach werden. Wenn positive Gefühle wie Vertrauen, Liebe und Zuneigung abgenommen haben, nährt der Mangel an verbindender Gemeinsamkeit die Unzufriedenheit und fördert das Bestreben, sich das erfüllen zu wollen, auf das man wegen der Bindung verzichtet zu haben glaubt.

Die Wünsche nach Selbstverwirklichung und individueller Lebensplanung führen zu einem weiteren Auseinanderdriften. Einer der Partner begehrt auf, will Versäumtes nachholen. Er möchte das Gewohnte zurücklassen und sich aus der vermeintlichen Sackgassensituation befreien. In dieser Phase geschieht es auch oft, dass eine Nebenbeziehung eingegangen wird, um mit einer anderen Person das zu erleben, was man in der Hauptbeziehung versäumt zu haben glaubt. Die langjährige Verbindung wird sich auflösen, wenn die Verwirklichung bisher unterdrückter

Wünsche und geheimer Sehnsüchte befriedigender erscheint als die Weiterführung einer Beziehung, in der zwei sich fremd gewordene und aufgrund des gemeinsamen Weges doch vertraute Menschen nur noch nebeneinanderher leben.

FRAGEN ZUR SELBSTANALYSE

> In welchen Situationen wurde deutlich, dass die Gemeinsamkeiten abnahmen? Wie haben Sie und Ihr Partner damit umzugehen versucht?

> Gab es Zeichen, die darauf hindeuteten, dass Ihr Partner ausbrechen möchte, um ungelebte Aspekte seines persönlichen Lebens zu verwirklichen?

> Welche persönlichen Wünsche haben Sie zurückgedrängt, um die Beziehung aufrechtzuerhalten? Welche dieser Wünsche könnten Sie nun aktiv verwirklichen?

WAHRHEIT

Wenn in einer Beziehung ungelebte Träume wach werden, nimmt die Bereitschaft ab, die positiven Seiten der Beziehung wahrzunehmen.

HEILENDER GEDANKE

Ich kann jetzt meine Wünsche und ungelebten Träume verwirklichen.

NÜTZLICHE ANREGUNG

Bauen Sie Kontakte zu Menschen auf, die ähnliche Interessen haben wie Sie. Gemeinsame Unternehmungen können Sie aus Ihrer isolierten Situation befreien und haben einen tröstlichen Effekt.

Der Partner zeigt seine Schwächen:
Der »Schatten« wird länger

Stellen Sie sich vor, eine Ausstellung zu besuchen und sich in einem Raum mit afrikanischen Kunstgegenständen zu befinden. Es gibt in diesem Gebäude jedoch auch noch die Abteilung mit den südamerikanischen Tonarbeiten, den indischen Elfenbeinschnitzereien und den chinesischen Vasen. Ebenso befinden sich in dem gleichen Gebäude irgendwo im Keller Räume, in denen staubige Akten verwahrt werden oder Abfalltonnen deponiert sind. Obwohl Sie sich jeweils nur in einem Raum aufhalten und nicht überall gleichzeitig anwesend sein können, gehören alle genannten Räume zu dem von Ihnen besuchten Gebäude.

Ebenso verhält es sich in einer Partnerschaft. Sie treten am Anfang der Beziehung in einen gemeinsamen Raum ein, den Sie miteinander erkunden möchten. Sie lernen dabei sowohl die Stärken und Fähigkeiten als auch die Schwächen und Inkompetenzen Ihres Partners kennen. Sie erfahren im gemeinsamen Alltag, wie Ihr Gegenüber Stresssituationen bewältigt, und erleben dabei auch, wie er mit Konflikten und schwierigen Beziehungssituationen umgeht. Im günstigsten Fall sind Sie beide dazu in der Lage, die Schwierigkeiten, die aus dem Miteinander resultieren, aufzulösen, um den Beziehungsraum nach Missverständnissen und Auseinandersetzungen wieder positiv zu gestalten, ja mithilfe klärender Gespräche sogar neu auszuschmücken.

Im ungünstigen Fall führen die Auseinandersetzungen jedoch dazu, dass die Schwächen des einen oder beider Beziehungspartner belebt werden und zu fortdauernden Kämpfen führen. Sie begeben sich dann in die »Kellerräume« und werden sowohl mit Ihren eigenen Schattenseiten als auch mit denen des Partners konfrontiert. Dunkle innere Räume, deren Türen im normalen

Alltagsleben sonst verschlossen bleiben, öffnen sich. Der Partner kann dann durch die Art und Weise, wie er mit Konflikten umgeht und darauf reagiert, zu jemandem werden, dem Sie alle Gemeinheiten und Unverschämtheiten, die für Sie vorstellbar sind, zutrauen und anlasten.

Ihr Partner offenbart Ihnen dabei auch die noch nicht abgetragenen Altlasten der Vergangenheit. Sie lernen die persönlichen Schwachstellen und Defizite kennen, welche aus seinen Kindheitserfahrungen, den ungelösten Problemen in der Beziehung zu den Eltern und seinen sonstigen Erfahrungen stammen, die ihn in seiner ganz persönlichen Lebensgeschichte geprägt haben. Möglicherweise können Sie aufgrund der in Ihrer eigenen Lebensgeschichte entstandenen Lasten nicht beziehungsfördernd darauf reagieren. Der Versuch, nicht nur die negativen, sondern auch die positiven Seiten des Partners wahrzunehmen, gestaltet sich zunehmend schwieriger und die Kompromissbereitschaft lässt nach. Immer wieder mit der Last unterschiedlicher Sichtweisen und Verhaltensstile konfrontiert, kann sich das Gefühl, in der »falschen« Beziehung zu sein, einstellen. Dies ist vor allem dann der Fall, wenn die Ursache der Beziehungskonflikte nicht in der Beziehung selbst zu suchen ist, sondern unbewältigte Vorerfahrungen eine Rolle spielen.

Niklas dreht jedes Mal durch, wenn seine Frau mit Kunden und Lieferanten Termine am Abend vereinbart. Er stellt sich lebhaft vor, wie Uschi mit den Geschäftspartnern flirtet und sich von diesen berühren und küssen lässt.

Uschi möchte die Scheidung einreichen, weil sie nach anstrengenden Arbeitsstunden die Eifersuchtsszenen ihres Mannes nicht mehr ertragen kann.

Dieses Beispiel zeigt, dass Niklas in Kontakt mit einem ungelösten Konflikt aus einer vergangenen Lebenssituation ist. Niklas' Vater, dominant, eifersüchtig und unberechenbar, gewährte seiner Mutter selten Freiräume.

Wie wir später selbst Konflikte in einer Beziehung lösen, ist eng mit der Art und Weise verbunden, wie unsere Eltern die ehelichen Schwierigkeiten meisterten. Die eigene Paarbeziehung wird von dem Beziehungsverhalten, das man bei den Eltern erlebt hat, beeinflusst. Eine Beziehung kann gelingen, wenn sich beide Partner von schädigenden Beziehungsmustern befreit haben, die aus der Herkunftsfamilie stammen.

Zu Beginn Ihrer Beziehung hatten Sie beide sicherlich die besten Absichten. Sie verliebten sich in die positiven Seiten Ihres Partners und blendeten die Schattenseiten aus. Wenn in einer Beziehung die Zeit gekommen ist, in der sich einer von beiden Partnern oder beide – symbolisch gesprochen – überwiegend in den Kellerräumen aufhalten, führt das dazu, dass Ernüchterung eintritt. Der Partner wird in seinen positiven Aspekten nicht mehr wahrgenommen, weil die ungelösten Konflikte im Alltag dominieren. Im gemeinsamen Leben mit dem Partner scheint ein angemessenes Aufeinander-Eingehen unmöglich geworden zu sein. In Streitsituationen wird aufgrund der gemeinsamen Geschichte mit den immer gleichen, beziehungsschädigenden Mustern reagiert. Ursache und Wirkung schaukeln sich auf und verschmelzen in einem Teufelskreis.

Früher oder später ist die daraus resultierende Enttäuschung so groß, dass die Auflösung der Beziehung gewünscht wird. Die Denk- und Verhaltensweisen eines Partners sind dann so belastend, dass der entscheidende Schritt zur Auflösung der Beziehung getan wird. Mit der Auflösung der Beziehung ist der Wunsch verbunden, den »Schatten« zurückzulassen, um sich in der Begegnung mit neuen Menschen wieder positiv definieren zu können.

Susi und Kevin gehen nach 18 Monaten auseinander, obwohl Susi schwanger ist. In den ersten Monaten ihrer Liebe glaubten beide daran, im anderen den idealen Partner fürs Leben gefunden zu haben. Susi bezeichnete Kevin als einfühlsam und verständnisvoll. Kevin war stolz auf Susi, weil sie so gut aussieht und beruflich mehr erreicht hat als er.

Schon nach wenigen Monaten zeigen sich die ersten Schwierigkeiten. Kevin wird aggressiv, wenn Susi zu einer beruflichen Fortbildung fährt. Er beschuldigt sie, dort auf Männerfang zu sein, und bestraft Susi durch Kontaktabbruch und die Androhung, sie zu verlassen, wenn sie sich weiterhin mehr um ihren Beruf als um ihn kümmere.

Kevin, der nach der Trennung eine Therapie durchführte, fand heraus, dass er sich – verglichen mit seinem erfolgreichen Bruder – als Versager fühlte. In der gemeinsamen Zeit mit Susi übertrug er die dem Bruder gegenüber gehegten Empfindungen auf seine Partnerin. Er verstrickte sich in Reaktions- und Handlungsweisen, die als Ausdruck seines Minderwertigkeitsgefühls angesehen werden können.

FRAGEN ZUR SELBSTANALYSE

> Werden Sie zum Detektiv in Ihrer eigenen Lebensgeschichte! Beschäftigen Sie sich damit, welche schmerzlichen Erfahrungen aus Ihrer Vergangenheit möglicherweise dazu geführt haben, dass Sie sich in Streitsituationen nicht angemessen verhalten.

> Denken Sie auch darüber nach, welche Altlasten Ihr Partner in die Beziehung mit eingebracht haben könnte, die letztlich dazu führten, dass Sie heute auseinandergehen.

WAHRHEIT
In der Partnerschaft werden Konflikte, die in der Herkunftsfamilie
entstanden sind, unbewusst ausgetragen.

HEILENDER GEDANKE
Ich kann mich von schädigenden Beziehungsmustern der
Vergangenheit befreien.

NÜTZLICHE ANREGUNG
Stellen Sie sich vor, in einem Raum zu sein, in dem Sie sich von den
Strapazen der Vergangenheit erholen können. Gestalten Sie den Raum
nach Ihren Vorstellungen. Vielleicht möchten Sie einen Kamin einbauen,
um sich dort aufzuwärmen, oder ein Bild aufhängen, dessen Anblick
tröstlich und kraftspendend auf Sie wirkt.

Der Dialog verstummt – die Entfremdung beginnt

In einer gut funktionierenden Partnerschaft findet ein ständiger
Austausch statt. Im Dialog und in der Diskussion können Unsicherheiten benannt, Zweifel thematisiert und Verwirrungen einge-
grenzt werden. Dadurch wird Missverständnissen vorgebeugt. Gerade in Konfliktsituationen ist es notwendig, dass sich das Paar im
gemeinsamen Gespräch verstärkt darum bemüht, die Schwierigkeiten zu bereinigen. Das klärende Gespräch setzt die Absicht beider Partner voraus, sich Zeit für die Klärung der Unstimmigkeiten
zu nehmen, dabei neue Wege zu beschreiten und Kompromisse
einzugehen, die für beide Partner vorstellbar und lebbar sind.

Ein Mangel an Austausch führt in Partnerschaften früher oder später dazu, dass die Zweisamkeit starr und unlebendig wird. Vorhandene Konfliktpunkte werden nicht benannt, Schwierigkeiten nicht angesprochen und das Unangenehme wird verdrängt, so als ob man es unsichtbar machen und »unter den Teppich« kehren könnte. Das Unausgesprochene und Ungeklärte gewinnt dann an Macht und beeinflusst den weiteren Verlauf der Beziehung. Wie ein Feuer, das schwelt, wirken die weggeschobenen und nicht benannten Themen auf das Unterbewusstsein ein. Sie können zu einer inneren Distanzierung voneinander und zu einem Verlust der bisher füreinander empfundenen positiven Gefühlsqualitäten führen. Wird die daraus resultierende Unzufriedenheit weiterhin nicht angesprochen, kommt es in der gemeinsamen Paarbeziehung irgendwann zu einem Punkt der Entfremdung. Die Luft wird immer »dicker« und klärende Gespräche sind dann nur noch unter erschwerten Bedingungen möglich.

Zwei Menschen, die einerseits noch miteinander verbunden sind und viele Abende nebeneinander einschlafen, werden sich andererseits immer fremder. Die Beziehung ist voller heimlicher und verschwiegener Gedanken, die dazu führen, dass der Dialog zu verstummen beginnt und jeder in einen seelischen Bereich abtaucht, der die Entfremdung weiterhin verstärkt. Die Lebens- und Liebespartner haben sich gefühlsmäßig voreinander verschlossen. Sie »verhärten«, halten Gefühle zurück, verschanzen sich hinter feindseligem Schweigen, wobei sich der körperliche, seelische und geistige Austausch auf das Nötigste reduziert.

Chris bemerkt, dass Tobi heimlich zu trinken beginnt. Sie hat Angst, mit ihrem Partner darüber zu sprechen, weil sie Schwierigkeiten vermeiden möchte. Tobi trinkt, weil seine Bemühungen, nach der Geburt des zweiten Kindes wieder eine sexuelle Beziehung mit seiner Frau aufzunehmen, gescheitert sind. Er versuchte gelegentlich erfolglos, mit seiner Frau darüber zu sprechen. Sie wich aus, lenkte ab und wechselte das Thema.

Dies ist eine Situation, in der die Trennung zu einer möglichen Alternative wird, um eine Partnerschaft, in der Konflikte nicht benannt werden können, aufzulösen. Die äußere Trennung ist dann nur noch eine Frage der Zeit, um aus der Beziehung auszubrechen. Beide Partner warten einen günstigen Moment ab, um sich zu trennen. Dieser ist beispielsweise dann gegeben, wenn die gemeinsamen Kinder groß genug sind, um eigene Wege zu gehen.

FRAGEN ZUR SELBSTANALYSE
Sicherlich gab es in Ihrer Beziehung eine Phase, in der Sie beide oder einer von Ihnen mehrere Versuche unternommen haben, anstehende Schwierigkeiten zu klären. Was hat letztlich dazu geführt, dass Sie den Kontakt zueinander verloren haben? Finden Sie fünf mögliche Gründe, die dazu beitrugen. Denken Sie dabei auch über Ihr eigenes Verhalten nach. Welchen Part haben Sie in diesem Spiel übernommen: bereitwillig mitgeschwiegen oder anfänglich verzweifelt versucht, den Partner zu Reaktionen zu veranlassen? Wie erklären Sie sich das Scheitern Ihrer Bemühungen?

WAHRHEIT
Fehlender Austausch ist ein Beziehungskiller.

HEILENDER GEDANKE
Ich entdecke im Austausch mit anderen Menschen meine Lebendigkeit.

Schreiben Sie einen Brief an Ihren Partner und formulieren Sie die in der Partnerschaft unterdrückten und zurückgehaltenen Themen so konkret wie nur möglich. Sie können diesen Brief entweder tatsächlich abschicken oder als Selbstheilungsbrief betrachten. Seelische Verhärtungen können sich auflösen, wenn Sie Ihren Gefühlen freien Lauf lassen.

Belastungen stellen sich ein: Die Überforderung wächst

In einer Beziehung bilden sich im Laufe der Monate und Jahre gewohnte Abläufe heraus. Das Frühstück zu zweit, die gemeinsamen Einkäufe oder das Ansehen der Fernsehnachrichten am Abend kehren immer wieder. Die Beziehung ist wie ein kleiner Mikrokosmos mit einer überschaubaren Umwelt, in der sich die Partner an einen bestimmten Rhythmus gewöhnt haben. Lebensveränderungen, die sich im Laufe der Beziehungszeit ergeben, können die gewohnten Abläufe verändern und so einschneidend sein, dass beide Partner Phasen einer Verunsicherung durchleben.

Langzeitarbeitslosigkeit und die damit verbundenen finanziellen Einbußen, berufliche Veränderungen, die einen Umzug zur Folge haben, die Krankheit eines Partners oder die Geburt eines Kindes führen zu einer veränderten Beziehungssituation. Beide Partner reagieren auf die veränderte Situation unterschiedlich und setzen – unabhängig voneinander – die ihnen möglichen Bewältigungsstrategien ein, um sich mit der veränderten Lebenslage zurechtzufinden.

Es stellt sich hierbei die Frage, ob die damit verbundenen Herausforderungen von dem Paar gemeinsam bewältigt werden können. Jede Veränderung führt zur Aufgabe von bisherigen Zielen und die daraus resultierenden notwendigen Neuorientierungen können zu echten Herausforderungen werden, wie das zum Beispiel bei einer gemeinsamen Elternschaft der Fall ist. Unterschiedliche Erziehungsvorstellungen können Konfliktstoff hervorrufen, der erst einmal verkraftet und verarbeitet werden muss. Solche Konflikte sind normal und unumgänglich, sie müssen ausgetragen werden. Das Gelingen der Verantwortungslast ist von einem Lernprozess, den das Paar gemeinsam durchläuft, abhängig. Die erlebte Anspannung und Überforderung können dann entweder zur Stabilisierung der Beziehung oder zu deren Auflösung führen. Das Paar kann auch über die genannten Beispiele hinaus von den Eltern, den Schwiegereltern und den Geschwistern belastet werden, wie das nachfolgende Beispiel zeigt.

Ivo und Katja sind seit acht Jahren verheiratet, haben drei Kinder und wohnen im Haus von Ivos Mutter. Als die Schwiegermutter zum Pflegefall wird, ändert sich die Lebenssituation der Familie. Katja hat aufgrund der anfallenden Pflegetätigkeiten kaum mehr Zeit für die Kinder und kündigt ihren Job als Museumspädagogin, der ihr bisher sehr viel Freude bereitet hat. Die Familie fährt nicht mehr in Urlaub und hat auch andere Aktivitäten wie zum Beispiel Wochenendausflüge eingestellt. Katja findet sich mit der veränderten Lebens- und Beziehungssituation nicht zurecht. Sie nimmt Beruhigungsmittel und andere Medikamente und wird ein Jahr später wegen Medikamentenabhängigkeit ärztlich behandelt.

Ein Paar muss mit Veränderungen umgehen können und dabei lernen, die mit der veränderten Situation entstehenden Einschränkungen auszuhalten und nach Alternativen zu suchen, um die belastende Situation für alle Beteiligten erträglich zu gestalten. Im genannten Beispiel ist die Beziehung zwar nicht auseinandergegangen, jedoch führte Katjas Medikamentenabhängigkeit sowohl für die Kinder als auch für den Ehepartner zu einer weiteren Belastung.

Die Bereitschaft, Beziehungsdefizite zu akzeptieren, nimmt ab, wenn die Beziehung über einen längeren Zeitraum hinweg als überfordernd und einschränkend erlebt wird. Das Leben ohne den Partner scheint dann erstrebenswerter zu sein als die Fortführung der Gemeinsamkeit. Wenn in einer belasteten und konfliktreichen Verbindung der Nutzen oder der Gewinn, der daraus resultiert, an der Beziehung festzuhalten, abnimmt, erhöht sich die Wahrscheinlichkeit einer Trennung.

FRAGEN ZUR SELBSTANALYSE
> Durch welche Ereignisse haben Sie sich in Ihrer Beziehung überfordert gefühlt (zum Beispiel finanzielle Lage, Verpflichtungen aus früheren Verbindungen) ?
> Welche persönlichen Eigenheiten Ihres Partners empfanden Sie als unerträglich und belastend (zum Beispiel die Neigung, bei Konflikten nicht mehr zu sprechen oder gewalttätig zu werden)?
> Denken Sie darüber nach, welche Art von Belastung Ihr Partner am wenigsten ertragen konnte.

WAHRHEIT
Überforderungssituationen belasten eine Beziehung.

HEILENDER GEDANKE
Ich lege die Lasten der Vergangenheit ab. Ich bin jetzt frei.

Verzeihen Sie sich selbst und auch Ihrem Partner. Sie haben in der gemeinsamen Beziehungszeit sicherlich beide das Beste versucht, um die sich ergebenden Herausforderungen meistern zu können. Das Leben ist voller Herausforderungen! Wenden Sie sich Ihrem eigenen Leben zu, um durch Erfahrung zu lernen, wie Sie mit Belastungen umgehen können.

Die falsche Wahl: Der beziehungsunfähige Partner

Der Wunsch nach einer Beziehung und die Sehnsucht nach Zweisamkeit begleiten die meisten Singles. Die innere Bereitschaft, jemanden kennenzulernen, führt in der Regel dazu, dass wir früher oder später einem Menschen begegnen, der dazu geeignet erscheint, unsere Traum- und Wunschvorstellungen zu erfüllen. Es kann dann passieren, dass Sie sich fühlen, als ob Amor seine Liebespfeile auf Sie abgeschossen hätte. Und wenn Ihr Gegenüber Ihre Gefühle der Zuneigung erwidert, kann daraus Liebe entstehen, welche in eine Beziehung einmündet.

Ihr persönlicher Erfahrungsschatz, der mit beziehungsförderlichen und beziehungshinderlichen Dingen gefüllt ist, wird sich in Ihrem gemeinsamen Beziehungsalltag öffnen. Es wird sich erweisen, ob Sie beide dazu in der Lage sind, ihn miteinander zu leben. Wenn unser »Beziehungssack« mit besonders schmerzlichen Erfahrungen angefüllt ist, tendieren wir unbewusst dazu, wieder Situationen aus früheren Zeiten zu inszenieren. Der typische Verlauf eines Trennungsprozesses beginnt somit eigentlich schon bei der Partnerwahl. Unbewusst neigen wir dazu, Mangelerfahrungen, die in der Kindheit entstanden sind, mithilfe eines Partners ausgleichen zu wollen. Der Versuch, auf diese Weise die als unbefriedigend erlebte Vergangenheit zu bewältigen, führt häufig dazu, dass ein Partner gewählt wird, der die alten Konflikte wieder belebt.

Carol erzählt, dass sie ihren Vater aufgrund seines weltmännischen Auftretens faszinierend fand. Sie habe in der Kindheit jedoch darunter gelitten, dass er ihre Mutter ständig mit anderen Frauen betrog und sich in diesen Phasen nicht um Frau und Kinder kümmerte.

Carol erlebt in ihren Beziehungen Ähnliches wie ihre Mutter. Sie gerät immer wieder an Männer, die eigentlich nicht beziehungsfähig sind, weil sie auf der Suche nach Selbstbestätigung wechselnde Kontakte bevorzugen. Sie fühlt sich von Männern, die ihrem Vater ähnlich sind, angezogen und überträgt auf diese Heilungs- und Erlösungswünsche, die sich letztlich nicht erfüllen. Carol erlebt dabei eine Wiederholung der Situation, die sie aus der Kindheit kennt. Ihr fehlen die nötigen Selbstschutzmechanismen, um sich gegenüber Männern, die keine enge Bindung wollen, abzugrenzen.

Jede Beziehung ist eine neue Chance, die Verletzungen und Mangelerfahrungen der Kindheit zu überwinden. Sie lädt jedoch auch dazu ein, alte Konflikte und Beziehungserfahrungen neu zu beleben.

Die Trennung von einem Partner, an den wir – meist unbewusst – Erlösungswünsche gerichtet haben, kann ganz besonders schmerzlich sein, wenn man in den Zustand eines wehr- und hilflosen Kindes zurückfällt und dann kaum Möglichkeiten zur Verfügung stehen, um Konfliktsituationen zu bewältigen. Gefühle der Hilf- und Hoffnungslosigkeit dominieren dann sowohl in der Beziehungs- als auch in der Trennungssituation.

Wenn Sie sich von diesen Zeilen angesprochen fühlen, weil Sie in eine Beziehung verstrickt sind oder waren, in der sich in drastischer Form ein Erleben der Kindheit wiederholte, sollten Sie sich von Fachleuten beraten lassen. Sie können entweder eine Beratungsstelle aufsuchen, in der Trennungs- und Scheidungs-mediation angeboten werden, oder psychotherapeutische Hilfe in Anspruch nehmen.

FRAGEN ZUR SELBSTANALYSE
> Haben Sie das Gefühl, oft an den »fal-schen« Partner zu geraten? Wählen Sie immer wieder den gleichen Typus Mann oder Frau, mit dem Sie ähnlich geartete Schwierigkeiten erleben?
> Welche Situationen, die an die Vergangenheit erinnern, wiederholen sich in Beziehungen? Sind die Konflikte, die Sie mit dem jeweiligen Partner erleben, mit Situationen vergleichbar, die Sie in der Kindheit mit Ihrer Mutter oder Ihrem Vater erlebt haben?

WAHRHEIT
Belastende Kindheitserfahrungen können durch Partnerschaften wieder lebendig werden und schmerzliche Gefühle hervorrufen.

HEILENDER GEDANKE
Ich helfe meinem »Inneren Kind«, die Wunden der Vergangenheit heilen zu lassen.

NÜTZLICHE ANREGUNG
Stellen Sie sich vor, Ihr »Inneres Kind«, das sich jetzt traurig und verletzt fühlt, liebevoll im Arm zu halten und zu trösten.

Jede Trennung verläuft in Phasen

Bei einer Trennung ist der sich Lösende bereit, die Beziehung sein zu lassen und einen anderen Weg einzuschlagen. Ebenso muss der Betroffene loslassen und sein Leben anders als bisher planen. Sich trennen heißt, sich auf etwas Neues einzulassen. Das Alte und Vertraute wird verlassen, um sich auf den Weg in eine noch ungewisse Zukunft zu begeben. Es ist wie bei einer ungewöhnlichen Reise, bei welcher der vertraute Wohnort zurückgelassen wird und das Reiseziel noch nicht feststeht. Mit jedem weiteren Schritt wird der Weg aber überschaubarer. Die Vorstellungen werden klarer und konkrete Schritte sind plan- und durchführbar.

Bei der Bewältigung der einzelnen Schritte kann Ihnen bewusst werden, dass Ihre jetzige Lebenslage – so schwierig sie sich auch momentan darstellen mag – nicht statisch ist. Wie im Kreislauf der Jahreszeiten ein Baum im Herbst seine Blätter verliert, sich im Winter auf den neuen Wachstumsprozess vorbereitet und im Frühling in neuem Blättergewand vor Ihnen steht, führt auch eine Trennung erst einmal zu einem Verlust. Die notwendige Konfrontation mit sich selbst bedeutet, sich auf die eigenen Wurzeln zu besinnen, um wieder aufzutanken. In diesem Prozess des Sterbens und Vergehens, des Loslassens von alten Träumen und Wertvorstellungen, geschehen die Verarbeitung und die Verwandlung, die letztlich neue Wege ermöglichen. Schließlich ist die Trennung verkraftet: Die Phase der Neuorientierung tritt ein. Sie sind jetzt nicht mehr die Person, die Sie vor der Trennung waren, sondern ein ganz anderer Mensch!

Allgemein lässt sich nicht vorhersagen, wie viel Zeit Sie benötigen werden, um eine Trennung zu bewältigen. Die Verarbeitung einer Trennungserfahrung ist in ihrem zeitlichen Ablauf nicht kalkulierbar. Sie hängt aber zu einem großen Teil davon ab, wie belastend Sie die Ablösung von Ihrem Partner tatsächlich empfinden.

Bei der nachfolgenden Einteilung des Trennungsprozesses in Phasen ist die vorgegebene Reihenfolge nicht verbindlich, da die Übergänge zwischen den Phasen fließend sind und auch ein Rückfall in eine vorangegangene Phase durchaus möglich ist.

WAHRHEIT
Der Prozess der Ablösung verläuft in kleinen Schritten.

HEILENDER GEDANKE
Ich erinnere mich an meine inneren Wurzeln.

NÜTZLICHE ANREGUNG
Erinnern Sie sich an eine frühere Beziehung, die vor längerer Zeit auseinanderging: Was denken Sie heute darüber? Was fühlen Sie heute, wenn Sie an die damalige Trennung denken? Was haben Sie durch den damaligen Trennungsprozess gelernt?

Die Vortrennungs- und Ambivalenzphase

Sie leben noch mit Ihrem Partner zusammen, fühlen sich aber schon äußerst bedrückt, weil sich die Beziehung negativ verändert hat. Eskalierende Streitsituationen und / oder eine Veränderung im emotionalen Bereich (ein Nachlassen der bisher positiven Gefühle für den Partner) weisen darauf hin, dass sich eine mögliche Trennung anbahnt. Der Gedanke daran löst jedoch Ängste aus, denn eine Trennung würde das bisherige Lebens- und Familiengefüge gravierend verändern. Das Leben außerhalb der Beziehung ist noch nicht vorstellbar. Möglicherweise denken Sie auch an die Nachteile, zum Beispiel finanzieller Art, die sich durch eine Trennung ergeben könnten. Sie versuchen an der Beziehung festzuhalten und die Gedanken an das Auseinandergehen wegzuschieben. Oft sind es auch die Gedanken um das Wohl der Kinder, die dazu führen, dass Sie sich gewaltsam in eine Situation einfügen möchten, die nicht mehr Ihren persönlichen Bedürfnissen entspricht. Vielleicht drohen Sie Ihrem Partner sogar damit, ihn zu verlassen, in der Hoffnung, dass er einsichtig werden möge und sich Ihren Wünschen und Forderungen entsprechend verhalte.

Hierbei erleben Sie belastende und verletzende Situationen. Es kann lautstarke Diskussionen um die Finanzen, das Wohnrecht und das Sorgerecht der Kinder geben. Möglicherweise kommt es auch zu handgreiflichen Auseinandersetzungen. So wie bei einem Tennisspiel der Ball hin- und hergespielt wird, so schieben Sie sich gegenseitig die Schuld an den Unstimmigkeiten zu. Es wird in unzählig vielen Spielen miteinander gekämpft, damit sich abzeichnet, wer der Gewinner und wer der Verlierer der einzelnen Spielfolgen ist.

Es gibt auch Momente, in denen Ihre Beziehung wieder besser zu funktionieren scheint. Sie schöpfen Mut und neue Hoffnung. Denn selbst in jeder belasteten Beziehung gibt es nicht nur Unstimmigkeiten, sondern auch konfliktfreie Bereiche, wie zum Beispiel den gleichen Schlaf- und Essensrhythmus oder Übereinstimmungen bei der Auswahl des Fernsehprogramms.

Jede Beziehung hat eine für sich typische Dynamik und ist für sich einzigartig. Wenn die Balance gestört ist, die Formen der Übereinstimmung weniger werden und die Schattenseiten überwiegen, wird eine Trennung wahrscheinlicher. Einer von beiden oder auch beide Partner möchten – möglicherweise im gegenseitigen Einvernehmen – die bisherige Beziehungsgemeinschaft auflösen.

Im Allgemeinen verabschiedet sich derjenige, der entweder den höheren Leidensdruck oder weniger Angst davor hat, allein zu sein, wie das beispielsweise der Fall ist, wenn sich jemand von der Trennung mehr Vorteile als von der Aufrechterhaltung der Partnerschaft verspricht. Eine Trennung gestaltet sich leichter, wenn positive Zukunftsbilder vorhanden sind: wenn zum Beispiel nach dem Ausstieg aus der Beziehung schon ein neuer Partner wartet, der dazu bereit zu sein scheint, liebevoll aufzufangen. Derjenige, der aus der Beziehung austritt und geht, scheint es – oberflächlich betrachtet – leichter zu haben als derjenige, der sich als Opfer der Situation fühlt, weil er verlassen wurde.

Aber auch das Gehen ist keine einfache Handlung, denn wenn sich Ihr Partner von Ihnen verabschiedet hat, muss er Ihre Anklagen und Vorwürfe ertragen und verkraften und sich möglicherweise mit den dann entstehenden oder schon vorhandenen Schuldgefühlen auseinandersetzen.

WAHRHEIT
Jede Beziehung hat ihre eigene Geschichte.

Die Trauer-, Wut- und Kampfphase

Das gemeinsame Miteinander wird beendet und es folgt die Auflösung des gemeinsamen Haushaltes bei Paaren, die zusammenleben, oder das Absagen geplanter Treffen und Aktivitäten bei
Paaren, die noch nicht zusammenlebten, weil einer von beiden
oder beide die Weiterführung der Beziehung durch Worte oder
Taten aufkündigten.

Die Trauer-, Wut- und Kampfphase wird gerade dann für Sie
emotional sehr belastend sein, wenn Sie sich als Leidtragender
und betrogenes Opfer der Situation fühlen. Sie glauben dann, keinen Einfluss auf die Entscheidung Ihres Partners nehmen zu können. Die dabei entstehenden Hilflosigkeitsgefühle führen im
Hinblick auf die gegenwärtige Lebenssituation und den zukünftigen Lebensverlauf zu einer inneren Verunsicherung.

Die Auseinandersetzung mit der bevorstehenden oder schon
erfolgten Trennung kann einen Schock auslösen. Die Gedanken
kreisen fast ausschließlich um die Trennungssituation und die
damit verbundenen Lebensveränderungen. Sie befinden sich in
einer gefühlsmäßigen Notlage. Es ist, als ob die mit der Trennung
verbundenen Konflikte wie mit einem Scheinwerfer grell beleuch-
tet würden. Ablenkungsmanöver funktionieren nicht mehr, früher gehegte Interessen erscheinen farblos, Hobbys liegen brach
und lassen sich in diesem Zustand der psychischen Not nicht
aktivieren. Das Thema Trennung bindet jetzt Ihre gesamte Aufmerksamkeit. In Gedanken beschäftigen Sie sich mit immer wie-
derkehrenden, gleichgearteten Fragen. Sie denken zum Beispiel
darüber nach, was Sie hätten tun können, um die Trennung zu
verhindern, und wie Sie ihn oder sie zur Einsicht bringen könnten, um es noch einmal miteinander zu versuchen. Vielleicht vertreten Sie in Ihren Gedankengängen auch den Standpunkt, »im

Recht zu sein«, und formulieren innerlich immer wieder die gleichen Anklagen und vorwurfsvollen Gedanken.

In dieser Phase sind die Gefühle besonders intensiv. Unabhängig von Ihrer Sichtweise und Ihrer Bewertung der Beziehungssituation gibt es kein Zurück mehr. Die Wunschvorstellung einer gut funktionierenden Partnerschaft mit Zukunft erscheint jetzt als Illusion. Bisher unterdrückte Gefühle drängen explosiv nach Entladung. Die Palette Ihrer Gefühlsäußerungen ist von Ängsten, Wut, Schuldgefühlen, Trauer und Verzweiflung gekennzeichnet. Sie befinden sich in einer emotionalen Krise. Ihre Stimmungen schwanken. Sie zeigen die Tendenz, Ihren Partner und die mit ihm erlebten schönen Momente zu idealisieren – und kurz darauf verwandelt sich der Partner, der Ihnen diese Verletzung zugefügt hat, in die widerwärtigste Person, der Sie jemals begegnet zu sein scheinen.

Erlauben Sie sich Ihre Launen! Sie kommen und gehen wieder. Jedes Gefühl, das Sie zulassen, ist für Sie auf dem Weg der Trennungsbewältigung und Verarbeitung hilfreich. Ihr liebender innerer Teil ist noch nicht bereit, den Partner loszulassen und sich mit dem Abschied auseinanderzusetzen, auch wenn Sie gleichzeitig wissen, keine andere innere Wahl zu haben.

WAHRHEIT
Das Aufgeben einer Beziehung ist ein
schmerzlicher Prozess.

Die Trennungs- und Ablösungsphase

Sie setzen sich nun bewusst mit Ihrer konfliktreichen Beziehungsgeschichte auseinander und sind in der Lage, sowohl Ihren als auch den Anteil des Partners an dem Misslingen der Beziehung realistisch einzuschätzen. Die Ablösung erfolgt auf der emotionalen und gedanklichen Ebene. Es gibt Momente, in denen Sie befreit aufatmen können, weil Sie die Empfindung haben, dass die Trennung für Sie wie auch für Ihren Partner die richtige Entscheidung war. In wiederum anderen Momenten bemerken Sie, wie schmerzlich es ist, sich von einem Menschen, dem Sie sich einst sehr verbunden fühlten, zu lösen.

Es wird Ihnen bewusst, dass sowohl der Beginn einer Beziehung als auch deren Ende von intensiven Gefühlsreaktionen begleitet werden. Sie lernen, Ihre Stimmungsschwankungen zu akzeptieren, Sehnsüchte auszuhalten und neuen Gedanken Raum zu geben. Ihr Leben wird jetzt nicht mehr von fortwährenden Gedankenkreisläufen dominiert. Sie erleben in dieser Phase Fortschritte (sich wieder auf die eigene Lebensplanung einzustellen) und Rückschritte (den alten Fantasien und Träumen nachzuhängen und die Hoffnung zu nähren, dass es wieder so werden könnte, wie einst in Ihren besten Zeiten der Beziehung). Die Gedanken an das einst Positive und Schöne, wie zum Beispiel die gemeinsam erlebte Geburt Ihres Kindes, führen zu dem Wunsch nach Wiedervereinigung; die Bewusstmachung der nicht lösbaren Konflikte führt wieder zu einer Ablösung und Distanzierung. Sie bewegen sich zwischen diesen beiden Polen und benutzen häufig Ihren Verstand, der Ihnen die Realität vor Augen hält. Sie werden sich immer wieder von Neuem bewusst, dass die bisher nicht lösbaren Konfliktpunkte auch künftig mit großer Wahrscheinlichkeit nicht lösbar sein würden. Sie sehnen sich nach dem Moment, an dem Sie sich innerlich endgültig frei und losgelöst fühlen und die Trennung erfolgreich bewältigt haben.

Neben den verkrafteten negativen Folgen der Trennung wird es sicherlich auch positive Begleiterscheinungen geben. Sie werden jetzt vermehrt wahrnehmen können, dass das zunächst als sehr belastend erlebte Ereignis des Auseinandergehens zu innerem Wachstum und positiver Selbstveränderung führte.

WAHRHEIT
Veränderungen führen zu innerem Wachstum.

Die Neuorientierungs- und Selbstfindungsphase

In dieser Phase der Trennung konzentrieren Sie sich wieder ausschließlich auf sich selbst und planen Ihr Leben ohne Partner. Sie haben neuen Zugang zu Ihren eigenen Stärken und entwickeln Selbstvertrauen und Zuversicht im Hinblick auf Ihre Zukunft. Sie sind offen für eine neue Partnerschaft und gehen bewusster mit Ihren eigenen Bedürfnissen um. Einschränkungen, die sich durch die Trennung ergaben, haben Sie mittlerweile verkraftet und neue Wege kennengelernt, um sich mit Ihrer veränderten Lebenslage zurechtzufinden.

Die Erinnerungen an die Wunden, welche die Partnerschaft hinterlassen hat, sind zwar noch lebendig und deren Folgen fühlbar, jedoch trägt jeder weitere Tag dazu bei, dass Ihr Heilungs- und Ablösungsprozess voranschreitet. Sie haben jetzt genug

Abstand, um die positiven und negativen Auswirkungen des Trennungs- und Scheidungsprozesses anzunehmen und damit umgehen zu können. Sie haben die Endgültigkeit der Trennung innerlich angenommen und zu einem neuen Lebensstil gefunden, der die Verwirklichung eigener Fähigkeiten ermöglicht. Das verloren gegangene Selbstvertrauen ist wieder zurückgekehrt und Sie stellen sich neuen Aufgaben, die Sie sich vor der Trennung möglicherweise noch nicht zugetraut hätten.

Wenn Sie Kinder haben, ist es Ihnen in der Phase der Neuorientierung und Selbstfindung wieder möglich, den Kindern hilfreich zur Seite zu stehen und diese zu ermutigen, eine positive Beziehung zum anderen Elternteil anzustreben.

Die Trennung ist eine Krise

Eine Trennung ist eine zeitlich begrenzte, schwere Belastung. Das in einer Partnerschaft angenehme Aufeinanderbezogensein und die damit verbundene gegenseitige Unterstützung, die das alltägliche Zusammensein bot, fallen weg. Die gemeinsamen, zukunftsorientierten Pläne werden aufgegeben. Der innere oder äußere Druck, der durch die Trennung entsteht, führt dazu, dass das innere Gleichgewicht erheblich gestört ist. Als Betroffener befinden Sie sich in einer Notfallsituation, in der sich nicht voraussagen lässt, wie Sie sich in den nächsten Stunden und Tagen verhalten oder fühlen werden. In Ihrem Zustand des Ungleichgewichts erleben Sie den Verlust des Partners als bedrohlich und es können Unsicherheiten, Ängste, ja sogar Selbstmordfantasien auftreten.

Kennzeichnend für eine Krise ist, dass man zu Reaktionen

neigt, die extrem erscheinen. Zweifel an der Fähigkeit, die schwierige Lebenssituation zu überwinden, stellen sich ein. Alle Bemühungen sind darauf ausgerichtet, die Balance wiederzufinden. Es kann auch geschehen, dass Sie in der Zeit der Krise ganz besonders intensiv träumen. Sie erfahren sich hierbei nicht nur auf der bewussten, sondern auch auf der unbewussten Ebene. Die psychische Belastung kann für Sie ganz besonders stark sein, wenn die Trennung nicht vorhersehbar war. Auch bei einer Loslösung, die in gegenseitigem Einvernehmen getroffen wurde, können die nachfolgend geschilderten charakteristischen Kriterien für eine Krise auf Sie zutreffen:

> depressive Verstimmungszustände mit körperlichen Begleiterscheinungen, wie zum Beispiel Appetitlosigkeit, Ein- und Durchschlafstörungen;
> eine negative Zukunftssicht, verbunden mit Katastrophenängsten;
> mangelndes Selbstwertgefühl, verbunden mit einer negativen Selbsteinschätzung;
> Konzentrationsstörungen, die bei Berufstätigen zu einer erheblichen Leistungsminderung führen können: Entweder verhindert eine »Leere im Kopf« das effiziente Arbeiten oder die Gedanken kreisen immer wieder um die gleichen Denkinhalte;
> Entscheidungsunfähigkeit und das Gefühl, zwischen verschiedenen Möglichkeiten hin und her gerissen zu sein;
> leichte Erregbarkeit und Kontrollverlust, wie das zum Beispiel der Fall ist, wenn Sie Ihre Kinder wegen Kleinigkeiten anschreien.

Es handelt sich bei einer Krise mit Symptomen der beschriebenen Art um eine vorübergehende Situation, die Sie als Herausforderung betrachten sollten. Die mit einer Krise verbundenen Gefühle und Gedanken sind keine krankhafte Form des Erlebens und Erfahrens, sondern eine psychische Ausnahmesituation.

In verschiedenen Phasen des Lebens können immer wieder Krisen eintreten, wie das beispielsweise auch bei einer schweren Erkrankung oder dem Tod eines geliebten Angehörigen der Fall ist. Aus der Bewältigung der gegenwärtigen Krise lernen Sie hinzu. Die Trennungserfahrung öffnet die Tür zu Ihrer Gefühlswelt. Sie werden besonders empfänglich für Hilfen von außen und Botschaften von innen. Bei künftigen Belastungen nutzen Ihnen die jetzt gewonnenen Erfahrungen. Ihre Kompetenz, mit Problemen umzugehen, steigert sich.

Verhaltensempfehlungen

Erlauben Sie sich Ihre negativen Empfindungen. Sie tragen an Ihrer gegenwärtigen Befindlichkeit keine Schuld. Und realistisch betrachtet können Sie davon ausgehen, dass die Krise wieder abklingen wird. Während der Krisenzeit sollten Sie folgende Empfehlungen beachten:

> Treffen Sie jetzt keine grundsätzlichen Entscheidungen, wie zum Beispiel einen Berufswechsel oder eine verbindliche Klärung der finanziellen Angelegenheiten.

> Akzeptieren Sie, dass Sie in der spezifischen Krisensituation in Ihren Erlebens-, Verarbeitungs- und Handlungsmöglichkeiten eingeschränkt sind.

> Gehen Sie davon aus, dass Lösungsmöglichkeiten in der

ersten Phase der Krise nicht wahrgenommen werden können.

> Verlangen Sie keine Selbstbeherrschung von sich. Es ist gut, wenn Sie sich ausweinen können.

> Bauen Sie überhöhte Erwartungen ab! Es kann sein, dass Sie großen Stimmungsschwankungen ausgesetzt sind, die Sie weder durch Willensappelle noch durch Selbstbeherrschung abstellen können.

> Betrachten Sie die Krise als eine ganz normale Begleiterscheinung des Trennungserlebens.

> Vergegenwärtigen Sie sich mehrmals täglich, in einer Übergangssituation zu sein.

> Suchen Sie Trost und Unterstützung bei Menschen, die es gut mit Ihnen meinen.

> Verzeihen Sie sich Verhaltensweisen, die Sie als unangemessen empfinden.

WAHRHEIT
Eine Krise ist eine Ausnahmesituation.

HEILENDER GEDANKE
Ich bin bereit, die Krise als Teil meines gegenwärtigen Lebens zuzulassen.

Selbstanalyse:
Welcher Trennungstyp sind Sie?

In Trennungssituationen reagieren Menschen ganz unterschiedlich. Schätzen Sie nun selbst ein, zu welchen der genannten Ver-
haltens- und Denkweisen Sie in einer Trennungssituation neigen.
Anhand der Vorgaben können Sie herausfinden, wie Sie in An-
spannungssituationen reagieren, wobei Sie sich wahrscheinlich
in mehreren Reaktionsmustern wiederfinden und Überschneidungen innerhalb der genannten Typologien auftreten können.
(Es gibt natürlich noch weit mehr Reaktionsmuster, als an dieser
Stelle genannt werden können.)

Der Fluchttyp: Die Vogel-Strauß-Haltung

Bei diesem Typ handelt es sich um Menschen, welche die Wahrheit der Situation gern wegschieben. In allen Situationen, die unangenehm erlebt werden, zum Beispiel die Klärung einer materi-
ellen Angelegenheit, entzieht sich der Vogel-Strauß-Typ und
verhält sich so, als ob er »den Kopf in den Sand stecken könnte«.
Er wechselt das Thema oder verlässt den Raum. Die Flucht – vielleicht auch in die Arme einer anderen Liebschaft oder in Überak-
tivität jeglicher Form, auch zu Last-Minute-Angeboten, um eiligst
zu verreisen – ist eine Flucht vor bestehenden Konflikten.

Wichtige Fragen, die im Rahmen der Trennung anfallen, werden durch die Vermeidung einer Klärung nur aufgeschoben, nicht aufgehoben. Vielleicht erhoffen Sie sich von dieser Strategie der Verleugnung und Ignorierung aber, dass sich die bestehenden Konflikte irgendwie von selbst auflösen oder regeln. Sie verhalten sich so, als ob eine unsichtbare Hand statt Ihrer eingreifen würde, um Ihre persönlichen Angelegenheiten zu ordnen, Streit zu schlichten und Antworten auf Fragen zu geben, die nur Sie selbst beantworten können.

Als Vogel-Strauß-Typ leben Sie in einer magischen Welt, in der nicht Sie handeln müssen, sondern in der für Sie gehandelt wird. Dies ist eine Strategie, mit der Sie sich letztlich selbst am meisten schaden, da schließlich andere – jedoch meist nicht zu Ihren Gunsten – für Sie entscheiden werden. Sie geben Ihre Selbstverantwortung ab, handeln nicht, wenn Aktion angebracht wäre, und betreiben eine nicht funktionierende »Vogel-Strauß-Politik«.

Menschen, die in der Kindheit und im späteren Lebensverlauf die Erfahrung machten, durch Handeln wenig bewirken zu können, tendieren dazu, in Krisen- und Konfliktsituationen das genannte Reaktionsmuster einzusetzen.

Carola reagiert nicht auf die Anrufe Ihres Exfreundes, der ihr auf den Anrufbeantworter spricht und darum bittet, ihm Bescheid zu geben, ob wirklich alle Möbelstücke auf den Sperrmüll sollen. Sie erinnert sich sehr viel später daran, dass sich unter den Möbeln ein antiker Tisch, den sie als Erbstück von ihrer Großmutter erhalten hatte, befand.

Carolas passive Haltung führte dazu, dass sie ein Wertstück verlor, weil sie sich nicht um ihre eigenen Belange kümmerte.

Merkmale der Vogel-Strauß-Haltung

Gefühle: Sich von Konflikten so belästigt fühlen, dass der Wunsch dominiert, unangenehme Empfindungen wegzuschieben.

Gedanken: Es treten Fluchtgedanken auf, wie zum Beispiel: »Ich möchte mit der Situation nichts zu tun haben«, »Nichts wie weg hier«, »Soll er / sie doch den ersten Schritt tun«, »Ich kann mich sowieso nicht durchsetzen« oder »Meine Meinung ändert nichts an der Situation«.

Verhalten: Zur Vermeidung des Konflikts werden unterschiedliche Verhaltensweisen eingesetzt, beispielsweise Betäubung mittels Medikamenten- oder Alkoholeinnahme oder Herstellung einer räumlichen Distanz zum »Tatort« der Konfliktbeziehung, um sich »unsichtbar« zu machen und weiteren Klärungsversuchen auszuweichen.

FRAGEN ZUR SELBSTANALYSE

❭ Bei welchen konkreten Themen (zum Beispiel Fragen hinsichtlich Ihres Erziehungsstils, Klärung finanzieller Angelegenheiten, Auseinandersetzung über unterschiedliche Meinungen) treten Sie die Flucht an?

❭ Welche Gefühlsstimmungen können Sie in der gemeinsamen Auseinandersetzung schlecht aushalten? Handelt es sich hierbei um Verärgerung und Wut, um Trauer und Verzweiflung oder irgendein anderes Gefühl, vor dem Sie »davonlaufen«?

> Wie lange dauert Ihre Vermeidungsstrategie? Kehren Sie irgendwann wieder zu Ihrem Konfliktpartner zurück, um sich über Missverständnisse oder zu klärende Angelegenheiten auszutauschen, oder haben Sie das Konfliktfeld für einen längeren Zeitraum oder für immer verlassen?

WAHRHEIT
Konflikte sind Gelegenheiten, um Verantwortung für die eigenen Bedürfnisse zu übernehmen.

HEILENDER GEDANKE
Ich bin dazu bereit, mich für meine Interessen einzusetzen.

NÜTZLICHE ANREGUNGEN
> Denken Sie darüber nach, bei welchen Themen Sie Ihre Vermeidungsstrategie ablegen möchten. Sprechen Sie Ihre Absichten laut aus und hören Sie sich dabei zu.
> Entscheiden Sie sich, wann (an welchem Tag und zu welcher Uhrzeit) und in welcher Umgebung Sie Ihrem Partner Ihre Gedanken und Wünsche mitteilen möchten.
> Sollte bei dieser Vorstellung Ihr Angstpegel ansteigen, so nehmen Sie sich vor, Ihre Wünsche vorher aufzuschreiben und die Notizen in die reale Situation mitzunehmen. Dies bewirkt im Allgemeinen ein Nachlassen von vorhandenen Ängsten.
> Fragen Sie sich im Vorfeld, wie lange Sie es wahrscheinlich aushalten können, sich dem konkreten Konflikt zu stellen. Begrenzen Sie vorab das Gespräch hinsichtlich der verfügbaren Zeit. Der Zeitrahmen sollte so bemessen sein, dass Sie den Dialog mit dem Partner auch aushalten können.
> Geben Sie sich aus Selbstschutzgründen die Erlaubnis, das Gespräch

auch vor Ablauf der mit sich selbst vereinbarten Zeit zu beenden und sich die »Flucht« zuzugestehen. Ein lebenslang praktiziertes Reaktionsmuster lässt sich meist erst durch wiederholtes Üben verändern. Erwarten Sie deshalb nicht zu schnell zu viel von sich!

Die Beschuldigungshaltung

Bei der Beschuldigungshaltung weisen Sie bei Konflikten die Schuld erst einmal den Umständen oder einer anderen Person zu. Stress im Sinne von belastend erlebten äußeren oder inneren Anforderungen führt bei Menschen, die zu diesem Reaktionsmuster neigen, dazu, dass der eigene Anteil nicht wahrgenommen wird.

In einer Trennungssituation wird die Schuld am Misslingen der Partnerschaft ausschließlich dem Partner gegeben. Die Vorstellung, dass nur der andere für die unerwünschte Lage verantwortlich sei, führt zu der Erwartung, dass dieser die Lage auch verändern solle. Als Schuldzuweiser tendieren Sie dazu, unangemessene Forderungen auszusprechen, den Partner für sein früheres und gegenwärtiges Verhalten zu kritisieren und Erwartungen an ihn zu stellen, die dieser nicht erfüllen kann oder möchte.

Ihr Unbehagen wächst, wenn der Partner nicht dazu bereit ist, die Alleinschuld auf sich zu nehmen, und Ihre Rede auf Gegenrede trifft. Das kann dazu führen, dass Sie Ihre Anklagen verschärfen und sich Unterstützung gegen den Partner bei Anwälten, Verwandten und Freunden holen. Verbale Attacken und Schuldzuweisungen führen jedoch selten zu dem gewünschten Ergebnis einer Einsicht und erwirken keine versöhnliche Haltung. Sie sind als Klärungsmittel gänzlich ungeeignet.

Gerade wenn der psychische Druck im Rahmen einer Trennungssituation ansteigt, wird dieses Reaktionsmuster häufig eingesetzt. Die Beschuldigung kann hier als ganz normale Verhaltensweise angesehen werden, um ein Ventil für die aufbrechenden Gefühle der Wut, der Trauer und der Verzweiflung zu finden.

Schuldzuweisungen sind in Trennungssituationen normal und führen in der ersten Krise der aufbrechenden Gefühle zu einer vorläufigen psychischen Entlastung. Wenn Sie jedoch über einen längeren Zeitraum hinweg an dieser Strategie festhalten, sollten Sie Ihre Reaktionen überdenken. Eine Beziehung ist ein interaktives Geschehen. Zwei Menschen, die unterschiedlich sind, bemühen sich in vielen Gesprächen darum, eine vertiefende und erfüllende Beziehung zueinander aufzubauen. Das Scheitern einer Beziehung weist darauf hin, dass beide Partner nicht dazu in der Lage waren, mit der jeweiligen Unterschiedlichkeit umzugehen und das Miteinander befriedigend zu gestalten.

Die innere Haltung, anderen Menschen in Konfliktlagen die ausschließliche Schuld zuzuweisen, kann ein früh erlerntes Verhaltensmuster sein. Möglicherweise haben auch Ihre Eltern im Umgang mit Konflikten entsprechend reagiert und Sie haben diese Verhaltensweise unreflektiert übernommen und sich angeeignet. Auch Menschen, die sehr große Angst vor Angriffen oder Verletzungen haben, verhalten sich in der beschriebenen Art und Weise, um die persönlich erlebte Angst abzuwehren.

Paolo »flippt« aus, weil seine Frau eine Ehetherapie machen und bis zu Beginn der Ehetherapie nicht mehr mit ihm schlafen möchte. Er beschimpft sie beim gemeinsamen Essen mit den Kindern als Dienstmagd, bezeichnet sie als schlechte Ehefrau und Mutter und bewirkt durch seine verbalen Attacken eine erneute Verschlechterung der Beziehung.

Paolo verhält sich so, weil er Angst vor der möglichen Kritik hat, die seine Frau in einer Therapiesitzung äußern könnte.

Merkmale der Beschuldigungshaltung

Gefühle: Sie sind »aus dem inneren Lot« geraten. Gefühle der Entrüstung und Enttäuschung begleiten Sie im Alltag. Wut stellt sich ein, wenn der Partner nicht dazu bereit ist, Ihren Wünschen entsprechend auf Ihre Vorschläge und Vorwürfe einzugehen.

Gedanken: Ihre Gedanken kreisen um die Versäumnisse Ihres Partners und das, was er Ihnen »angetan« hat. Zum Beispiel: »Du bist schuld, dass mein Leben nun zerstört ist«, »Wie konntest du mir und den Kindern das nur antun«, »Du hättest dich ändern müssen« oder »Ich hätte es mir ja denken können, dass du egoistisch und undankbar bist«.

Verhalten: Sie bedrängen den Partner, suchen ihn auf, um ihm im Gespräch immer wieder von Neuem die Schuldhaftigkeit seines Verhaltens bewusst zu machen. Ebenso suchen Sie im Freundeskreis nach Verbündeten, um – wenn schon nicht von Ihrem Partner, dann wenigstens dort – eine Bestätigung für das Fehlverhalten Ihres Partners zu bekommen.

FRAGEN ZUR SELBSTANALYSE

❭ Suchen Sie in Konfliktsituationen prinzipiell den Fehler erst einmal bei Ihrem Gegenüber? Wozu führt diese Strategie? Wie verhalten sich Ihre

Gesprächspartner dabei? Sind Sie mit dem Ergebnis solcher Gespräche zufrieden?

> Wie fühlen Sie sich, wenn sich der andere Ihnen entzieht oder einen Gegenangriff startet?

> Neigen Sie in Ihrer sprachlichen Ausdrucksform zu Du-Aussagen, wie zum Beispiel »Du machst das immer so, nur um mich zu ärgern« oder »Du hast dich nie um mich gekümmert!«? Wie erleben Sie das auf Ihre Du-Aussagen folgende Verhalten Ihrer Gesprächspartner? Machen Sie sich dabei bewusst, dass anklagende Du-Aussagen wie zum Beispiel »Du bist ein krasser Egoist« eine Gegenposition aktivieren und im Allgemeinen dazu führen, dass Ihr Partner Ihnen Kontra gibt.

WAHRHEIT
Beschuldigungen führen zu Gegenangriffen und emotionalem Rückzug.

HEILENDER GEDANKE
In Krisenzeiten dürfen Schuldzuweisungen und Anklagen sein. Irgend-wann zu einem späteren Zeitpunkt werde ich bereit sein, den Kampf sein zu lassen.

NÜTZLICHE ANREGUNG
Überprüfen Sie Ihre Ausdrucksweise und entscheiden Sie sich dazu, Ich-Botschaften auszusprechen, beispielsweise: »Ich ärgere mich über dich, weil…« oder »Ich habe das Gefühl, dass du dich nicht um mich kümmerst«. Ich-Aussagen sind wie ein Schlüssel, der bewirkt, dass sich Ihr Partner im Gespräch öffnet und bereit ist zuzuhören.

Die Rumpelstilzchenhaltung

Jeder kann wütend werden – das ist leicht. Aber mit dem richtigen
Menschen, im rechten Ausmaß, zur rechten Zeit, aus dem rechten
Grund auf die richtige Weise wütend zu sein, das ist nicht leicht.

Aristoteles

Von einem anderen Menschen, den man liebte, verlassen zu werden, ist eine seelische Kränkung, die den Wunsch, sich zu wehren, hervorruft. Bewusst oder unbewusst möchte man die einem zugefügte Kränkung wieder ausgleichen. Die sich dabei einstellende Wut kann so heftig werden, dass Sie aggressiv getönte Aktionen, die den Partner körperlich, materiell oder psychisch schädigen, einleiten. Oder Sie entwickeln Rachefantasien, die Sie in der Realität nicht ausleben. In beiden Fällen führt das Gefühl der Wut zu einem Ansteigen des Blutdrucks und verlangsamt die Pumpleistung des Herzens. Außerdem schütten Sie vermehrt Stresshormone aus.

Der Wunsch, die Wut abzureagieren und dadurch emotionale Erleichterung zu finden, ist – auch physiologisch betrachtet – ein legitimes Bedürfnis. Hier zeigen sich jedoch persönlichkeitsbedingte Unterschiede. Wutgefühle werden entweder in der Interaktion mit dem Partner ausgelebt oder der Betroffene bemüht sich darum, diese »herunterzuschlucken«. Unterdrückte Wut wirkt – symbolisch ausgedrückt – wie ein giftiger Pfeil, den Sie gegen sich selbst richten.

Sollten Gefühle der Wut oder des Zorns über einen längeren Zeitraum hinweg anhalten, so schaden Sie sich damit selbst am meisten. Das physiologisch hohe Erregungsniveau bleibt aufrechterhalten und Sie investieren Ihre Energie, die sinnvollerweise zu einer Neugestaltung Ihres Lebens eingesetzt werden könnte, in den Kampf gegen den Partner. Die von der Wut gespeisten Handlungen, wie zum Beispiel das Zerschlagen von Gegenständen, die Verschärfung anwaltlicher Aktionen oder die Drohung, das Besuchsrecht für die Kinder einzuschränken, führen im Allgemeinen nicht zu der gewünschten emotionalen Befreiung. Im Gegenteil: Sie verstricken sich immer mehr in eine Situation, die unangenehme Gefühle, belastende Anwaltstermine und böse Briefe nach sich zieht.

Jans Frau möchte sich scheiden lassen. In seiner ersten Wut geht er zum Arbeitgeber seiner Frau, um diese dort schlechtzumachen. Außerdem droht er seiner Frau, sie wegen Steuerhinterziehung anzuzeigen.

Ein normaler Lebensalltag und eine dazugehörende positive Zukunftssicht können so nicht wachsen!

Das Märchen *Rumpelstilzchen* der Gebrüder Grimm enthält auch für uns Erwachsene eine sinnvolle Lektion. Erinnern Sie sich? Rumpelstilzchen rammte erst seinen rechten Fuß vor Wut in die Erde und riss sich dann selbst entzwei. In einer Trennungssituation geht es darum, irgendwann einmal die Wut über vergangene Situationen sein zu lassen und mit leeren Händen und offenem Herzen bereit zu sein, neu anzufangen.

Die Wut zu fühlen und zuzulassen sowie Möglichkeiten des angemessenen Herauslassens zu finden, ist der einzig sinnvolle Weg, der in die persönliche Freiheit führt. Wenn Sie in Gedanken die erlebte Enttäuschung immer wieder hervorholen, die Wut damit neu beleben, um an ihr festzuhalten, erschwert das die Ablösung. Selbst-Befreiung wird möglich, wenn die durch die Kränkung erfolgte Wunde sich wieder schließen kann.

In Form von Ritualen finden Sie im Übungsteil dieses Buches viele praktische Anregungen, wie Sie mit Ihrer Wut umgehen können und dabei weder sich selbst noch Ihren ehemaligen Partner schädigen. Der Heilungsprozess besteht darin, die Wut zwar zu fühlen und zuzulassen, diese jedoch nicht gegen sich selbst oder andere zu richten.

Merkmale der Rumpelstilzchenhaltung

Gefühle: Wut- und Zornausbrüche stürzen über den Betroffenen herein. Großer innerer Druck begünstigt eine hohe Aggressivität, die sich bis hin zur Unberechenbarkeit steigern kann.

Gedanken: Sie speisen die Wut mit rachsüchtigen Gedanken, wie zum Beispiel: »Er/sie soll für all das büßen, was er/sie mir angetan hat«, »Alle sollen wissen, wie gemein er/sie war« oder »Ich wünsche ihm, dass es ihm/ihr schlecht geht«.

Verhalten: Ihre Handlungen zeigen, dass Sie die Kontrolle verloren haben. Sie agieren Ihre Wut- und Hassgefühle aus und schaden sich damit letztlich selbst.

FRAGEN ZUR SELBSTANALYSE

〉 Schätzen Sie sich selbst ein: Verlieren Sie in Situationen, in denen Sie sich durch das Verhalten eines anderen verärgert oder verletzt fühlen, schnell die Kontrolle?

〉 Unternehmen Sie aus der Empfindung der Wut heraus irgendetwas, das Ihnen im Nachhinein – wenn sich Ihre Gefühle wieder abgekühlt haben – unangemessen erscheint?

WAHRHEIT

Verlassen zu werden löst Wutgefühle und Rachegedanken aus.

HEILENDER GEDANKE

Ich lasse meine Wutgefühle zu und darf mich in der Fantasie austoben.

NÜTZLICHE ANREGUNGEN

> Erlauben Sie es sich, auf die Verletzung zu reagieren. Machen Sie sich dabei jedoch bewusst, dass bei dem Wunsch, die Wut herauszulassen, der größtmögliche Schaden für beide Teile vermieden werden sollte.

> Erlauben Sie sich Ihre Rachegedanken und Wutfantasien in einem zeitlich festgelegten Rahmen. Ist die Zeit, die Sie mit sich selbst vereinbart haben, abgelaufen, sollten Sie sich anderen Tätigkeiten zuwenden. Zu einem anderen Zeitpunkt können Sie Ihren Rachefantasien erneut nachhängen. Zwischenzeitlich ist es sinnvoll, sich ein lautes »Stopp, jetzt nicht, sondern um … Uhr« vorzusagen.

Die Selbstverurteilungshaltung

Stellen Sie sich vor, eine Peitsche in der Hand zu halten und damit immer wieder von Neuem auf sich einzuschlagen. Täglich widmen Sie sich ausgiebig Ihren Selbstgeißelungspraktiken. Das Blut läuft an Ihnen herunter, Sie hören jedoch nicht auf, sich weiterhin in der beschriebenen Weise zu bestrafen.

Diese kleine Geschichte steht symbolisch für die Selbstverurteilungshaltung. Wer diese Haltung lebt, hat für sich keine Entschuldigungen parat. Als überscharfer Kritiker eigener Fehlverhaltensweisen sind Sie davon überzeugt, dass die Trennung nicht erfolgt wäre, wenn Sie »anders« oder »besser« reagiert hätten. Sie investieren daher Kraft und Energie, Ihren Partner wieder für sich einzunehmen und zurückzugewinnen. Sie machen Versprechungen, wie zum Beispiel: »Ich werde mich ändern«, »Ich werde nicht mehr eifersüchtig sein«, »Ich werde mehr für dich tun« oder »Ich werde dir mehr Freiheiten lassen«.

Wenn Ihr Partner auf Ihre ehrlich gemeinten Versöhnungswünsche eingehen sollte, würde dies trotzdem nur kurzfristig zu einer Verbesserung der Beziehung führen. Die Tatsache, dass alle Ihre bisherigen Bemühungen während der gemeinsamen Zeit zu keiner Verbesserung der Beziehung geführt haben, sondern in eine Trennung einmündeten, weist darauf hin, dass es nicht nur von Ihnen allein abhängig ist, etwas zu verändern, sondern auch Ihr Partner für die nicht funktionierende Beziehung verantwortlich zu machen ist.

Michaela (26 Jahre) soll ausziehen, weil ihr Freund wieder frei sein möchte. Sie akzeptiert die vorgeschlagene Trennung nicht, sondern intensiviert ihre Bemühungen, sich für das Weiterbestehen der Beziehung einzusetzen. Jeden Tag, wenn er nach Hause kommt, ist – im Gegensatz zu bisherigen Gepflogenheiten – die Wäsche gebügelt, die Wohnung geputzt und auf dem Bett liegt ein Brief mit Entschuldigungen und Versprechungen. Michaela ist davon überzeugt, dass sie nicht liebenswert sei und sich daher besonders engagieren müsse, um den Partner zurückzuerobern. In seiner Abwesenheit denkt sie über ihre vermeintlichen Versäumnisse nach und macht sich Vorwürfe. Sie kommt zu dem Ergebnis, dass sie sich noch mehr unterordnen und anstrengen müsse, um ihn zu halten. Sie kann nicht verstehen, dass dem Partner diese Bemühungen zu viel und auch lästig sind, weil er sich emotional schon längst von ihr entfernt hat.

Ihre Neigung, sich selbst zu verurteilen, führt dazu, die alleinige Schuld am Scheitern der Beziehung auf sich zu nehmen. Es ist zwar sicherlich richtig, dass auch Sie Fehler gemacht haben, jedoch hilft Ihnen die beschriebene Strategie nicht bei der Bewältigung der Trennung. Sie bürden sich eine Schuld auf, die letztlich zur Hälfte auch Ihr ehemaliger Partner tragen müsste.

Die Haltung der Selbstverurteilung ist gewiss nicht erst in der Trennungssituation entstanden, sondern sicherlich ein sehr vertrautes Reaktionsmuster in Ihrer bisherigen Lebensgeschichte. Prüfen Sie nun selbst, ob Sie zu schnell dazu bereit sind, den Fehler bei sich zu suchen oder sich für die Fehler und das Versagen anderer verantwortlich zu fühlen.

Merkmale der Selbstverurteilungshaltung

Gefühle: Das Gefühl, nicht liebenswert zu sein oder versagt zu haben.

Gedanken: Die Gedanken kreisen um Themen der eigenen Schuldhaftigkeit und Minderwertigkeit, wobei die Versäumnisse des Partners selten bedacht werden. Gedanken, die auftreten, sind zum Beispiel: »Ich bin unfähig, einen Mann / eine Frau zu halten«, »Ich war nicht attraktiv, intelligent, kompetent ... genug, um so einen Mann / eine Frau zu verdienen« oder »Ich hätte rücksichtsvoller, zärtlicher, ordentlicher ... sein sollen«.

Verhalten: Der Selbstverurteiler neigt in seinem Kummer dazu, sich abzuwerten und sich im allerschlechtesten Licht darzustellen. Positive Rückmeldungen anderer Personen können nicht wahrgenommen und verinnerlicht werden.

FRAGEN ZUR SELBSTANALYSE

> Neigen Sie in Streit- und Konfliktsituationen dazu, über Ihre eigenen Fehler in verurteilender Art und Weise nachzudenken?

> Können Sie das Fehlverhalten Ihres Gegenübers überhaupt wahrnehmen und benennen?

> Neigen Sie dazu, die »Taten« Ihres Partners zu vertuschen, zu bagatellisieren oder zu entschuldigen?

> Beobachten Sie Ihren Wortschatz: Formulierungen wie »Hätte ich doch nicht …« oder »Wie konnte ich nur …« weisen darauf hin, dass Sie sich mit vermeintlichen Versäumnissen über das gesunde Maß hinaus beschäftigen.

WAHRHEIT

Bei einer Auseinandersetzung tragen alle Beteiligten für den positiven oder negativen Ablauf des Gesprächs die Verantwortung.

HEILENDER GEDANKE

Ich gebe jeden Moment mein Bestes.

NÜTZLICHE ANREGUNGEN

> Denken Sie an Fehlverhaltensweisen Ihres Partners, für die er Verantwortung übernehmen müsste.

> Entscheiden Sie sich täglich neu dafür, sich von Ihrem Inneren Selbstkritiker zu lösen. Sagen Sie sich täglich beim Aufstehen laut einen Satz vor, der liebevoll und bestätigend klingt, wie zum Beispiel: »Ich finde das Gute in mir« oder »Ich lasse mich so sein, wie ich bin«.

Die Opferhaltung

Weigere dich, ein Opfer zu sein.
Margaret Atwood

Als »Opfer« haben Sie Denk- und Verhaltensweisen verinnerlicht, die dazu führen, dass Sie die Verantwortung für Ihre persönliche Lebensgestaltung nicht angemessen übernehmen, sondern sich von der Hilfe anderer abhängig fühlen. Dies kann sich in der Praxis so äußern, dass Sie glauben, hilflos wie ein kleines Kind zu sein und ohne ihn/sie nicht leben zu können. Sie haben das Gefühl, die Aufgaben des Alltags allein nicht bewältigen zu können. Als Opfer benutzen Sie Sätze, wie zum Beispiel: »Ich kann ja nicht, weil ...«, »Ich würde ja gerne, aber ...« oder »Es geht ja sowieso nicht, weil ...«.

Das Gefühl, hilflos zu sein, kann so übermächtig werden, dass sich Depressionen einstellen. Sie fühlen sich wehrlos den Machenschaften Ihres Partners ausgeliefert und es fehlt Ihnen an Durchsetzungskraft und Vertrauen, um den eigenen Standpunkt und die eigene Wahrheit so zu vertreten, dass Sie sich selbst und Ihre Wünsche dabei nicht aufgeben.

Annas ehemaliger Partner wohnt mit seiner neuen Freundin in der anderen Haushälfte des gemeinsamen Doppelhauses. Anna, die eigentlich ausziehen möchte, fühlt sich nicht dazu in der Lage, eine andere Wohnung zu suchen. Sie wird Opfer der Umstände. Täglich beobachtet sie, wie ihre Nachfolgerin schick gekleidet in die Arbeit fährt. Anna verbringt einen großen Teil ihrer Zeit damit, Freundinnen anzurufen, um diesen vorzujammern, wie schlecht es ihr gehe. Sie vergleicht sich in Gedanken mit der anderen Frau und schätzt sich als weniger attraktiv ein. Anstatt sich selbst nett herzurichten, lässt sie sich gehen und pflegt sich nicht mehr. Ihre Gedanken kreisen ständig um die Thematik, wie »er« so grausam sein kann, sie mit dieser Neuen zu konfrontieren. Anstatt zu handeln (nämlich eine andere Wohnung zu suchen) und das Leben als Single neu zu gestalten, verhält Sie sich wie ein Tier, das in einer Gefahrensituation den Totstellreflex zeigt, und in einer für sie unbefriedigenden und leidvollen Situation verharrt.

Sollte Ihr Partner Sie wie in dem Beispiel wegen einer anderen Beziehung verlassen haben, werden sich vorübergehend Zweifel, Selbstmitleid und mangelndes Vertrauen gegenüber den eigenen Fähigkeiten einstellen. Aufgrund der leidvoll erlebten Gegenwart ist eine positive Zukunftssicht nur begrenzt möglich. Viele Dinge, die Sie sich früher zutrauten, erscheinen Ihnen jetzt unbewältigbar. In der Rolle des Opfers fühlen Sie sich wie ein bedürftiges Kleinkind. Möglicherweise erwarten Sie dann von anderen Aktionen, die Ihnen helfen könnten, sich von den unbefriedigenden Verstrickungen zu befreien.

In diesem Zusammenhang tendieren Sie dazu, bei anderen fortwährend über sich, Ihre Gefühle und die Umstände der Trennung zu sprechen, was dazu führen kann, dass sich Ihre Mitmenschen überfordert und ausgelaugt fühlen. Das Sprechen über die Situation bringt zwar vorübergehend Erleichterung und Entlastung, führt jedoch selten zu einer Lösung, wenn Sie sich als Opfer darstellen und eigene Handlungsmöglichkeiten weder überdenken noch wahrnehmen. Durch die psychische Anspannung können sich außerdem körperliche Beschwerden wie beispielsweise Kopfschmerzen, Magenschmerzen und Schlafstörungen einstellen.

Zu den Herausforderungen der nächsten Monate gehört die Selbstbefreiung! Verabschieden Sie das bedürftige Kind, das nicht handeln kann. Aktivieren Sie den »Inneren Erwachsenen«, der sich den Problemen des Alltags stellt, der nach Möglichkeiten sucht, diese zu bewältigen und durch Handeln die Ablösung vom Partner leichter zu bewerkstelligen.

Die Rituale im praktischen Teil des Buches bieten Ihnen Anregungen, die Opferhaltung abzulegen.

Merkmale der Opferhaltung

Gefühle: Das Auseinandergehen lässt Gefühle der existenziellen Bedrohung wach werden. Gefühle der Hilflosigkeit, Hoffnungslosigkeit und Verzweiflung überfluten das Ich.

Gedanken: Das Opfer empfindet sich als besonders benachteiligt und schiebt in Gedanken die Schuld sich selbst, anderen Personen oder den Umständen zu. Gedanken, die in diesem Zusammenhang häufiger auftreten, sind zum Beispiel: »Ich kann allein ohne ihn / sie nicht leben«, »Warum habe ich so viel Pech mit meiner Beziehung?«, »Anderen geht es so viel besser als mir«, »Ich bin kaputt gemacht worden« oder »Ich werde nie wieder eine Beziehung eingehen können«.

Verhalten: Jammern, anderen stundenlang die persönliche Beziehungs- und Leidensgeschichte vortragen, sich in Situationen, in denen die Demonstration von Durchsetzungskraft angesagt ist, zurückziehen, die Rolle des Märtyrers spielen und dabei Chancen verpassen.

> Neigen Sie dazu, anderen ausführlich von erlebten Kränkungen und Enttäuschungen zu berichten, wobei Sie sich als Opfer darstellen und Ihren eigenen Anteil an der Situation verdrängen?

> Verzichten Sie häufig auf die Durchsetzung persönlicher Bedürfnisse und Interessen?

> Sind Sie überwiegend in Kontakt mit leidvollen Erinnerungen der Vergangenheit? Verhindern Sie hierdurch möglicherweise die Entwicklung von Zukunftsperspektiven?

WAHRHEIT
Hilflosigkeit lässt sich in Handlung wandeln.

HEILENDER GEDANKE
Das Leben bietet ungeahnte Möglichkeiten.

NÜTZLICHE ANREGUNGEN

> Akzeptieren Sie das, was geschehen ist, und machen Sie sich bewusst, dass Sie durch hilfloses, selbstschädigendes Verhalten nichts ändern können.

> Entscheiden Sie sich dazu, anderen weniger über Ihre persönliche Leidensgeschichte zu erzählen. Unterhalten Sie sich mit diesen über Verhaltensmöglichkeiten, die darauf abzielen, Ihr zukünftiges Leben als Single in eine positive Richtung zu lenken.

Bestandsaufnahme:
Welche Haltung entspricht Ihnen am meisten?

Denken Sie darüber nach, in welche der beschriebenen Grundhaltungen Sie sich momentan einordnen würden. Die genannten Haltungen sind nicht eindeutig voneinander abzugrenzen, sondern beeinflussen sich gegenseitig. So kann beispielsweise der Eindruck entstehen, Opfer der Situation zu sein, jedoch schlummert das Rumpelstilzchen in Ihnen, das nur darauf wartet, in bestimmten Situationen aktiv werden zu können und dafür zu sorgen, dass die bislang unterdrückte Wut sich explosionsartig äußert.

Die genannten Grundhaltungen sind Reaktionsmuster, die nicht nur in einer Trennungssituation, sondern auch in allen anderen Lebenssituationen eingesetzt werden. Wer sich zum Beispiel während einer Trennung über die Maßen hinaus selbst verurteilt, tendiert auch in anderen Situationen dazu, sich Fehlschläge nicht verzeihen zu können. Es handelt sich um Verhaltensmuster, die schon in der Kindheit gelernt wurden.

Die persönlichen Grundhaltungen sind Schutz- und Abwehrhaltungen, die im Umgang mit belastenden Lebenssituationen bewusst oder unbewusst eingesetzt werden, um entweder vorhandene Ängste zu vermindern, Spannungen abzubauen oder Schwierigkeiten erträglicher zu gestalten. Die jeweilige Grundhaltung wird dabei meist automatisch und ohne darüber nachzudenken eingesetzt. Das Ausagieren der jeweiligen Haltung bewirkt zwar eine vorläufige Entlastung, da Sie mit den Sie bedrängenden Gefühlen in der Ihnen vertrauten Form umgehen, führt jedoch letztlich dazu, dass Sie in Ihrem Reaktions- und Verhaltensrepertoire festgelegt bleiben. Die Bewusstmachung von persönlich bevorzugten Haltungen öffnet Ihnen neue Türen: Sie entdecken Entscheidungsspielräume!

Die inneren Krafträuber
Teil 1: Ihre Gedanken

Die nun folgenden Ausführungen werden Ihnen zeigen, dass Ihre Gedanken besonderen Einfluss darauf haben, wie eine Trennungssituation verarbeitet und verkraftet wird.

Ich möchte Sie zu einem kleinen Gedankenexperiment einladen: Stellen Sie sich vor, Ihr Partner hält Sie wie einen Sklaven in seinem Zimmer eingesperrt. Sie haben keinen Schlüssel und werden dort bis an Ihr Lebensende gefangen gehalten. Möglicherweise protestieren Sie erst lautstark dagegen oder erstellen einen Fluchtplan. Sollten Ihre Bemühungen, die Freiheit zu erlangen, nicht erfolgreich sein, werden Sie irgendwann resignieren.

Wie fühlen Sie sich bei der Vorstellung des geschilderten Szenarios? Sicherlich erscheint Ihnen diese kleine Geschichte nicht realitätsgerecht, da Sie ein freier Mensch sind und sich frei bewegen können.

In Ihrer äußeren Realität ist das sicherlich der Fall, doch Ihre innere Realität könnte so aussehen, dass Sie – gedanklich zumindest – Sklave Ihres Denkens im Trennungsprozess werden. Die Ablösung aus einer Partnerschaft, die unbefriedigend ist und in vieler Hinsicht nicht mehr Ihren Bedürfnissen entspricht, kann von konkret benennbaren Gedankengängen boykottiert werden.

Einige der folgenden Denkmuster sind Ihnen vermutlich aus leidvoller Erfahrung gut bekannt.

Die »Komm-zu-mir-zurück-Falle«

Die Beschäftigung mit »Komm-zu-mir-zurück-Gedanken« führt dazu, dass Sie an der Beziehung festhalten und Ihre gesamten Bemühungen darauf ausrichten, den Partner zurückzugewinnen. Bei dem Wunsch, ihn zurückzuholen, spielen unterschiedliche Gefühle (zum Beispiel die Angst vor dem Alleinsein) und Gedanken (beispielsweise finanzieller Art) eine Rolle. Sie setzen alle die Ihnen zur Verfügung stehenden Strategien ein und missachten gleichzeitig die Entscheidung Ihres Partners, der Ihnen durch Worte und Taten signalisiert hat, dass der Wunsch nach Auflösung der gemeinsamen Beziehung ernst gemeint ist.

Lisa schreibt ihrem Exfreund jeden Tag einen Liebesbrief, den sie vor seiner Wohnungstür mit einer Rose deponiert. Der Freund bat Lisa mehrmals, solcherlei Aktionen zu unterlassen, da für ihn die Beziehung beendet sei. Lisa lässt sich nicht beirren und macht weiter. Sie glaubt, durch ihr Tun seine Entscheidung beeinflussen und rückgängig machen zu können.

Im genannten Beispiel ist Lisas Verhalten ein Versuch, ihren Partner zu manipulieren und die mit der Trennung verbundenen Gefühle, wie zum Beispiel Angst und Einsamkeit, wegzudrängen. Lisas Versöhnungsversuche weisen darauf hin, dass sie sich in der gegenwärtigen Phase der Beziehung Illusionen macht. Die Selbsttäuschung ist für sie möglicherweise besser auszuhalten als die mit der Trennung verbundene Verlustangst.

Dem Wunsch, sich wieder mit dem Partner zu verbinden, können unterschiedliche Motive zugrunde liegen. Im Folgenden werden Beispiele für Gedankengänge genannt, die den »Komm-zu-mir-zurück-Wunsch« bestärken.

Gedanken	Beispiele
Gedanken, die »Traumwelten« erhalten	»Es war so schön.« »Wir hatten so eine gute Zeit miteinander.« »Wir könnten noch so viel Schönes miteinander unternehmen.«
Gedanken, die Vorteile herausstellen	»Er / sie ist so intelligent und war finanziell immer großzügig.« »Besser mit ihm, als allein noch einmal von vorn anzufangen.« »Er / sie ist fleißig und zuverlässig und wird es weit bringen.« »Er /sie hat gute Ideen. Wir könnten beruflich etwas miteinander aufbauen.«
Ihr persönlicher Gedanke	....

Diese Art des Denkens führt zu einer Verklärung der gemeinsamen positiven Beziehungsvergangenheit. Sie bezieht sich nicht auf die Partnerschaft der Gegenwart. Der »Komm-zu-mir-zurück-Wunsch« ist einerseits von der Vergangenheit getragen (»Wir haben uns doch so gut verstanden!«) und wird andererseits durch die Vergegenwärtigung der Qualitäten des Partners aktiv gehalten. Sie erinnern sich dabei an die schönen Erlebnisse, wie zum Beispiel die ersten Rosen in der Zeit des Kennenlernens, die erste gemeinsame Reise, die verliebte Stimmung, die netten Worte, die Ihr Partner einst einmal sagte. Dabei übersehen Sie jedoch, dass sich die Situation zwischenzeitlich längst verändert hat. Die neue Situation weist kaum mehr Ähnlichkeiten mit den positiven Erlebnissen der Vergangenheit auf. In Ihren Träumen sind alle Verhaltensweisen, die kritisiert werden müssten, in das Reich des Unbewussten entschwunden.

WAHRHEIT

Die Rückerinnerung an die positive Vergangenheit kann zu einer Fehleinschätzung der heutigen Situation führen.

HEILENDER GEDANKE

Ich verabschiede mich von einem Traum.

NÜTZLICHE ANREGUNG

Erinnern Sie sich an schöne gemeinsame Unternehmungen so, als ob Sie tatsächlich die vergangene Situation wieder erlebten? Dann sollten Sie Ihre Tagträume sein lassen! Schreiben Sie irgendeine Eigenschaft Ihres Expartners auf, die Sie nicht tolerierten und mit der Sie keinesfalls wieder (zum Beispiel in einer zukünftigen Partnerschaft) konfrontiert werden möchten.

Die »Ich-kann-doch-nicht-Falle«

Bei der »Ich-kann-doch-nicht-Falle« schätzen Sie Ihre Stärken und Fähigkeiten als Mensch, der sich außerhalb einer Beziehung zurechtfinden kann, nicht realistisch ein. Sie nehmen sich in einer Form wahr, die bewirkt, dass Sie Ihre eigene Kraft nicht erproben, sondern sich von Hilflosigkeits- und Angstgefühlen lähmen lassen. Möglicherweise hat Ihr Partner Ihnen bisher alle wichtigen Entscheidungen abgenommen und Sie haben keine Erfahrung in der Abwicklung von Bankgeschäften oder bei der Organisation fachmännischer Hilfe bei Haus- und Wohnungsreparaturen. Vielleicht führt die Trennung auch dazu, dass Sie – nach kürzerer oder längerer Pause – wieder eine Berufstätigkeit aufnehmen müssen. Die bei einer Veränderung der Lebensumstände sich einstellenden Ängste und Befürchtungen sind ganz normal. Wie ein Schiff, das nach einem Sturm auf hoher See treibt und den nächsten Zielhafen noch nicht lokalisieren kann, sind Sie in Ihrer Lebensgestaltung aus der Bahn geworfen worden. In dieser Phase sollten Sie sich jedoch nicht mit »Ich-kann-doch-nicht-Gedanken« beschäftigen.

Die fatalen Auswirkungen einer über längere Zeit hinweg praktizierten »Ich-kann-doch-nicht-Einstellung«, die wie eine sich selbst erfüllende negative Prophezeiung wirken kann, soll Ihnen das folgende Beispiel verdeutlichen:

Laura, 44 Jahre alt, sollte in die Scheidung einwilligen. Als Mutter von drei Kindern gab sie schon in jungen Jahren ihren Beruf als Sekretärin auf. Lauras Freunde und Familienangehörige erboten sich, bei der Regelung ihrer Finanzen und dem Wiedereinstieg in das Berufsleben behilflich zu sein. Über das Arbeitsamt erhielt Laura die Möglichkeit einer Umschulung. Laura bekam Angst vor der neuen Chance und sagte ab.

Anstatt die neue Gelegenheit zu nutzen, kapselte sie sich ab und begann zu trinken. Heute – sechs Jahre später – lebt sie in einem betreuten Wohnheim, da sie sich allein nicht mehr versorgen kann.

Lauras Fall zeigt, dass sie nicht darauf vertraute, neuen Anforderungen gerecht werden zu können. Dieses Beispiel ist sicher drastisch, trotzdem neigen gerade Frauen in kritischen Lebenssituationen dazu, Gelegenheiten zu verpassen, weil sie sich aufgrund mangelnder Erfahrung bezüglich ihrer persönlichen Stärke und Kraft regelrecht in die »Ich-kann-doch-nicht-Falle« hineinmanövriert haben.

Prüfen Sie selbst, ob Sie sich durch diese Art des Denkens Kraft, Stärke und vor allem Mut rauben.

Gedanken	Beispiele
Gedanken, die hilflos machen	»Ohne ihn / sie kann ich nicht leben.« »Allein komme ich nicht zurecht.« »Ich kann ohne ihn / sie nichts unternehmen.«
Gedanken, die das Selbstvertrauen schwächen	»Ich bin nicht gut genug, um ... zu tun.« »Ich bin nichts wert.« »Ich kann in meinem Alter nichts mehr verändern.« »Andere sind sowieso besser als ich.«
Ihr persönlicher Gedanke	....

Die genannten Gedanken führen dazu, dass Sie notwendige Handlungen unterlassen und neue Möglichkeiten nicht ausprobieren. Sich fortwährend diese oder ähnliche Gedanken innerlich vorzusagen, bedeutet hilflos zu sein und sich den Zugang zu inneren Stärken zu verbauen. Selbstvertrauen ist keine angeborene Gabe, sondern wird durch die Erprobung von neuen und unbekannten Wegen gewonnen. Die sich daraus ergebenden praktischen Erfahrungen helfen den persönlichen Erfahrungsbereich zu erweitern und neue Fähigkeiten zu entwickeln. Und eine verbesserte Handlungsfähigkeit führt zu gesteigertem Selbstvertrauen.

Auch ohne die Unterstützung Ihres Expartners können Sie erfolgreich sein und die Ihren Wünschen entsprechende Lebensqualität verwirklichen. So wie früher, als Sie den Alltag mit Ihrem Partner gemeinsam bewältigten und die Zukunft miteinander planten, wird es nie mehr sein. Sie können sich jetzt nicht mehr an ein vermeintlich starkes Gegenüber anlehnen, sondern sind dazu aufgerufen, sich auf Ihre »innere Weisheit« und Ihre Fähigkeiten zu verlassen sowie persönliche Ressourcen entweder wiederzuentdecken oder neu aufzubauen. Sie können sich die negativen Programme bewusst machen und durch positive Gedanken, die in eine »Ich-kann-es-lernen-Einstellung« einmünden, ersetzen. Bei der aktiven Auseinandersetzung mit ihren aktuellen Lebensumständen können bisher ungeahnte Fähigkeiten wachsen und neue Kräfte freigesetzt werden.

WAHRHEIT
Sich verändernde Lebensumstände sind
Lerngelegenheiten.

Ich bin bereit, neue Wege zu gehen und Neues auszuprobieren.

NÜTZLICHE ANREGUNG

Konkretisieren Sie Ihre »Ich-kann-doch-nicht-Gedanken«. Schreiben Sie sie auf. Antworten Sie auf diese Gedanken mit: »Ich könnte, wenn ich …« Nehmen Sie jeden Einfall ernst, auch wenn Ihnen die praktischen Möglichkeiten der Umsetzung gegenwärtig noch nicht klar sind.

Die »Was-wäre-wenn-Falle«

Lassen Sie sich für einen kurzen Augenblick in eine imaginäre Welt entführen. Was wäre, wenn Sie ab morgen in einem Schloss mit 42 Zimmern und vergoldeten Türen wohnten, das Hauspersonal Ihnen täglich die Schuhe putzte und Ihnen jeden Wunsch von den Augen ablesen würde? Was wäre, wenn Sie heute Ihre Sachen packten, um sich für einen Flug auf den Mars vorzubereiten? Welche Schuhe nähmen Sie dorthin mit, um durch die dort befindlichen Cañons zu wandern? Was wäre, wenn Sie heute packten, um zu der lang ersehnten einjährigen Weltreise nach Australien, Samoa und Hawaii aufzubrechen?

Diese Vorstellungen mögen Ihnen im ersten Moment ganz reizvoll erscheinen, jedoch würden Sie sicherlich nicht die nächsten Tage und Wochen intensiv über die genannten Beispiele nachdenken, sondern ziemlich schnell entscheiden, dass diese Gedankengänge nirgendwohin führen.

Anders ist es, wenn es sich um eine Beziehung handelt. Hier neigen die von Trennung und Scheidung Betroffenen oft dazu, die »Was-wäre-wenn-Falle« zuschnappen zu lassen und sich über Tage bis zu Monaten mit den gleichen sinnlosen Gedankenkreisläufen zu beschäftigen. Typisch für die »Was-wäre-wenn-Falle« sind Gedanken darüber, was passiert wäre, wenn Sie sich in einer konkreten Situation anders verhalten hätten, als Sie es wirklich getan haben, oder wenn ein bestimmtes Ereignis anders verlaufen wäre, als es tatsächlich abgelaufen ist. Zum Beispiel denken Sie darüber nach, was passiert wäre, wenn die Schwiegermutter am Tage des Streits nicht zu Besuch gekommen wäre oder Sie an einem bestimmten Tag nicht ferngesehen hätten. Fantasievoll malen Sie sich immer wieder neue »Was-wäre-wenn«-Varianten aus, die sich sowohl auf situative Elemente als auch auf Ihr eigenes Verhalten oder das Verhalten des Partners beziehen können.

Helena trennte sich, weil ihr Partner mehrfach gewalttätig wurde. In der Folgezeit wird sie von »Was-wäre-wenn-Ideen« geplagt. Sie denkt darüber nach, was passiert wäre, wenn sie in Situationen, in denen der Partner sichtlich gereizt war, das Zimmer verlassen hätte, ihn anstatt zu sprechen einfach nur umarmt hätte usw. Sie beschäftigt sich auch mit den möglichen Ursachen seiner Neigung zur Gewalttätigkeit, die in seiner Kindheit liegen könnten. Was wäre, wenn sein Vater ihn mehr anerkannt hätte oder seine Mutter nicht berufstätig gewesen wäre ...?

Nachfolgend sind Gedanken genannt, die typisch für die »Was-wäre-wenn-Falle« sind.

Gedanken	Beispiele
Gedanken, die vergangenheitsorientiert sind	»Wenn ich mich doch nur anders verhalten hätte, dann ...« »Wenn ich doch ... nicht gesagt hätte, dann ...« »Wenn ich beziehungsfähiger gewesen wäre, dann ...« »Wenn ich nicht geschwiegen hätte, dann ...« »Wenn ich nur nicht in diesen bestimmten Urlaub gefahren wäre, dann ...«
Ihr persönlicher Gedanke	....

»Was-wäre-wenn-Gedanken« sind keine Hilfe bei der Bewältigung der neuen und veränderten Lebenssituation. Sie denken über Wahrscheinlichkeiten nach, die Sie nicht überprüfen können. So gern Sie rückwirkend gewisse Ereignisse verändern würden, kann das im realen Leben nicht geschehen. Die genannte Denkstrategie hilft Ihnen nicht weiter. Sie führt lediglich zu einer Steigerung Ihrer Einsamkeit und löst schmerzliche Empfindungen aus, weil Sie fälschlicherweise glauben, dass eine andere Wahl zu anderen Ergebnissen geführt hätte. Die Art und Weise, wie Ihre gemeinsame Beziehungszeit verlief, war nicht nur von Ihrem eigenen Verhalten abhängig, sondern auch von der persönlichen Lebensgeschichte und den daraus resultierenden Vorlieben, Abneigungen und sonstigen Persönlichkeitseigenschaften Ihres Partners.

Sicherlich haben Sie im gegebenen Moment das Ihnen damals Mögliche getan. Entschärfen Sie die »Was-wäre-wenn-Gedankengänge« durch gegenwartsbezogene Überlegungen.

WAHRHEIT
Vergangenes ist vorbei und nicht mehr veränderbar.

HEILENDER GEDANKE
Ich verzeihe mir die vermeintlichen Versäumnisse der Vergangenheit.

NÜTZLICHE ANREGUNG
Formulieren Sie die »Was-wäre-wenn-Gedanken« in »Ich-könnte-heute-Gedanken« um. Was könnten Sie zum Beispiel heute tun, um wieder den Einstieg in die Berufstätigkeit zu finden?

Die »Zukunft-ist-so-schwer-Falle«

In der Gegenwart lebend, wandern wir mit Gedanken und Fantasien in die Zukunft. Jeder von uns trägt ein mehr oder weniger bewusstes Bild in sich, wie die persönliche Zukunft aussehen sollte. Dabei erträumen wir uns Erwünschtes, hoffen in unbefriedigend erlebten Lebenslagen auf Verbesserung und überlegen uns, wie die persönlichen Vorstellungen realisiert werden könnten.

In Trennungssituationen zerbrechen bisherige Zukunftsbilder. Derjenige, der aus der Beziehung aussteigt, hat es im Allgemeinen leichter, sich neu zu orientieren. Der »Aussteiger« hat meist konkretere Ideen im Hinblick auf die Vorteile, die sich für die persönliche Lebensgestaltung durch die Trennung ergeben werden.

Franz trennt sich, weil er den Kontakt zu seiner Jugendliebe wieder aufgenommen hat. Er berichtet, dass seine Ehe »sexuell tot« sei. Die Trennung ist mit der Erwartung verbunden, mit der früheren Bekannten eine sexuell befriedigende Beziehung aufzubauen.

Die Zurückgelassene ist in einer Situation, in der sich der positive Zukunftsbezug erst nach der Bewältigung der erlebten Trennung einstellen wird. Gerade in der ersten Phase, in der das Alleinsein noch unvorstellbar erscheint, können sich äußerst negativ getönte Zukunftsvorstellungen einstellen. Verlassene verlieren ihren Optimismus und stellen sich das jeweils Ungünstigste vor, das zukünftig passieren könnte.

Bei Rita, der Ehefrau von Franz, verstärkte die Trennung die innere Überzeugung, als Frau nicht begehrenswert zu sein. Sie ging davon aus, auch zukünftig niemals mehr eine befriedigende Partnerschaft aufbauen zu können. Da Rita eine Frau ist, die aus der Zweisamkeit Kraft bezog, führte das negative Selbstkonzept zu Depressionen und Selbstmordideen.
Nach vier – als leidvoll erlebten – Jahren beginnt Rita mithilfe psychotherapeutischer Begleitung ein neues Leben. Sie besucht eine Flirtschule und geht zur Typberatung. Kurz darauf lernt sie ihren heutigen Lebenspartner kennen.

Die »Zukunft-ist-so-schwer-Falle« spiegelt meist die Art und Weise wider, wie Sie Ihren zukünftigen Lebensweg einschätzen. Wenn Sie möglicherweise den Eindruck haben, irgendeinem schicksalhaft ablaufenden Geschehen ausgeliefert zu sein, dann haben Sie kein Vertrauen in Ihre persönliche Handlungskraft. Ihr persönliches Verhaltensziel wird es sein, diese Kraft zu aktivieren und einsetzen zu können, um eigene Wünsche zu realisieren und unangenehme Situationen von sich wegzulenken. Die nachfolgend genannten Gedanken sind dann eine wahrscheinliche Folge.

Gedanken	Beispiele
Gedanken des Selbstzweifels	»Ich werde nie mehr einen Partner finden, weil ich zu langweilig, zu wenig attraktiv, nicht gebildet genug, nicht beziehungsfähig bin.« »Es gibt nie mehr eine(n) Mann / Frau, dem / der ich gefalle.«
Gedanken über das künftige Schicksal	»Ich werde vom Pech verfolgt.« »Ich werde ebenso wie die anderen aus meiner Familie kein Glück haben.« »Das Leben ist hart und voller unlösbarer Schwierigkeiten.«
Ihr persönlicher Gedanke	....

Solche Gedanken können wie ein magischer Zauber wirken, so als ob jemand bei Ihrer Geburt einen Bann oder Fluch ausgesprochen hätte. Dem ist jedoch nicht so, sondern Sie sind aufgrund von Kindheitserfahrungen und späterer Lebensumstände bewusst oder unbewusst zu der Überzeugung gelangt, das Leben nicht Ihren Wünschen gemäß gestalten zu können. Menschen, die sich aufgrund von Überforderungssituationen in Kindheit und Jugend hilflos fühlten, tendieren ganz besonders dazu, die Gegenwart und die Zukunft als unkontrollierbar einzuschätzen. Die Betreffenden verhalten sich so, als ob das Befürchtete tatsächlich eintreten würde. Dies kann sogar dazu führen, dass in vielen Situationen das jeweils Ungünstigste herausgefiltert wird, damit die negative Erwartung Bestätigung findet.

WAHRHEIT

In der Gegenwart gestalten Sie durch Ihre Gedanken die Zukunft.

HEILENDER GEDANKE

Ich bin bereit, Wunder geschehen zu lassen.

NÜTZLICHE ANREGUNGEN

〉 Bauen Sie Ihre negativ getönte Erwartungshaltung ab. Sie können Ihr Denken schulen und trainieren. Üben Sie sich darin, positive Zukunftsbilder zu entwerfen.

〉 Stellen Sie sich vor, fünf Jahre später in einer Situation zu sein, in der sich alles zum Besten gewendet hat. Beschreiben Sie diese Situation in allen Einzelheiten und machen Sie sich dabei immer wieder bewusst, dass Sie durchaus die Wahl haben, Ihren Lebensweg positiv zu gestalten.

Die »Ohne-mich-geht-nichts-Falle«

In Beziehungen übernimmt oft ein Partner mehr Pflichten und Verantwortlichkeiten als der andere. Im Laufe der gemeinsamen Beziehungszeit stellt sich die Überzeugung ein, dass man für den anderen unentbehrlich sei. Diese Annahme führt dazu, dass dem Partner die Lebenstauglichkeit abgesprochen wird und ihm Schwächen und Kompetenzmängel zugeordnet werden. Die Einschätzung, dem Partner helfen zu müssen, weil dieser sonst in bestimmten Lebensbereichen »verloren« sei, kann dazu führen, dass der »Umsorgte« in seinem eigentlichen Potenzial nicht wahrgenommen wird. Wenn die Beziehung dann auseinandergeht, wird dem Partner unterstellt, nicht in der Lage zu sein, ohne die bisher erbrachten Hilfeleistungen weiterzuleben.

Jörn trennt sich von Elvira, weil beide schon lange keine Liebe mehr füreinander empfinden. Elvira glaubt, dass er in seiner neuen Wohnung verwahrlosen werde. Sie glaubt außerdem, dass er ohne ihre Kochkünste selten etwas »Gutes« essen werde.

Eva richtete jeden Morgen die passende Kleidung für ihren Exmann her, der als Bankleiter tätig ist. Seit die Beziehung auseinanderging, denkt sie jeden Tag daran, dass er nicht in der Lage sei, sich angemessen zu kleiden. In Gedanken stellt sie sich vor, dass er sich vor den Kunden blamiere, von der nächsthöheren Dienststelle angesprochen werde und letztlich einen Karriereknick erleben würde, weil sie nicht mehr da sei, um ihn zu unterstützen.

Beide Beispiele zeigen, dass die jeweiligen ehemaligen Partnerinnen sich »unentbehrlich« fühlen. Sie versäumen es dabei, sich mit eigenen Gefühlen auseinanderzusetzen. Die Gedanken, die sich auf den Expartner richten, sind mit der Annahme verbunden, dass dieser nach der Trennung nicht in der Lage sei, sich als Einzelperson zu versorgen. Ebenso werden die daraus resultierenden negativen Konsequenzen für den Partner fantasiert.

Dies kann bei der »Ohne-mich-geht-nichts-Falle« zu zwei ganz unterschiedlichen Gefühlsreaktionen führen. Von Rachefantasien motiviert, wünschen Sie dem früheren Lebenspartner, dass er im weiteren Lebensverlauf scheitern möge, und beziehen aus dieser Vorstellung eine innere Befriedigung. Sie malen sich dann sein Scheitern in den auf Ihre Beziehung folgenden Begegnungen oder im Berufsleben so detailliert wie möglich aus und planen in Gedanken seinen sozialen und beruflichen Abstieg. Oder Sie identifizieren sich mit seiner vermeintlich misslichen Lage und glauben daran, nur Sie könnten ihm Rettung bringen. Ihre Gedanken richten sich dann darauf, sich vorzustellen, wie es wäre, wenn er/sie wieder zu Ihnen zurückkäme, weil Ihr Partner erlebt und erfahren hat, dass das Leben ohne Sie nicht befriedigend verlaufen kann. In Gedanken an seine Rückkehr beschäftigen Sie sich mit Versöhnungsszenen, stellen sich dabei ganz genau vor, dass er sich bei Ihnen entschuldigt und eingesteht, dass das Leben ohne Sie nicht lebbar ist.

Die genannten Mechanismen lösen Gedankengänge aus, wie sie im folgenden Kasten beschrieben sind.

Gedanken	Beispiele
Gedanken, die den Partner entmündigen	»Er wird schon sehen, dass er ohne mich nicht leben kann.« »Er / sie kann sich alleine nicht ernähren.« »Reumütig wird er / sie zu mir zurückkehren.« »Er/sie wird beim nächsten Partner merken, was er / sie an mir verloren hat.« »Er/sie wird kein Glück mehr haben.« »Er / sie wird schon merken, wie schwer er/sie es ohne mich haben wird.«
Ihr persönlicher Gedanke	....

Mit Gedanken der genannten Art entmündigen Sie den Partner und denken sich Situationen aus, die möglicherweise nicht der Realität entsprechen. Ihr Partner konnte sich vor Ihrer Verbindung im Leben zurechtfinden und wird es auch nach der Trennung weiterhin können. Er ist ein Erwachsener und kein unmündiges kleines Kind, das von Ihnen versorgt werden muss. Mit welchen Schwierigkeiten der Partner umgehen muss und das, was ihn möglicherweise erwartet, sind für Sie wichtiger als die Verwirklichung eigener Bedürfnisse, Wünsche und Ziele. Letztlich führen solche Gedankengänge dazu, dass Ihre eigenen Konflikte zunehmen. Sie konzentrieren sich auf die Lebensgestaltung eines anderen Menschen, rauben sich dadurch Kraft und Energie und versäumen es, sich aktiv für die eigene Lebensplanung einzusetzen.

WAHRHEIT
Jeder Mensch muss sich selbst helfen.

HEILENDER GEDANKE
Ich kümmere mich liebevoll um meine Bedürfnisse.

NÜTZLICHE ANREGUNG
Ebenso wie Sie selbst wird auch Ihr Partner nach der Trennung hinzulernen. Machen Sie sich bewusst, dass das Auseinandergehen für beide eine große Herausforderung ist, sich weiterzuentwickeln und neue Lebensbezüge zu erproben.

Die inneren Krafträuber
Teil 2: Ihre Gefühle

> *Menschen sind wie bunte Glasfenster.*
> *Ihre wahre Schönheit tritt hervor,*
> *wenn sie von innen her erleuchtet werden.*
> *Je dunkler die Nacht, desto heller leuchten die Fenster.*
> Elisabeth Kübler-Ross

Im Leben eines jedes Menschen gibt es Phasen, in denen sich Belastungen häufen. Wie diese Belastungen emotional erlebt werden, ist davon abhängig, ob man glaubt, die Belastungssituation meistern zu können, oder ob man davon ausgeht, dieser Situation hilflos ausgeliefert zu sein.

Trennung und Scheidung stellen einen besonders belastenden Stressfaktor dar, da sie zu wichtigen Veränderungen in der Lebensgestaltung führen und eine Anpassung an die neue und veränderte Situation erfordern. Die vertraute Lebensroutine wird durch den Verlust einer bisher wichtigen Bezugsperson unterbrochen. Lebenskonzepte geraten ins Wanken, das Vertrauen, aus eigener Kraft und mithilfe von anderen das »neue Leben« zu meistern, ist erschüttert, und Gefühle der Gefährdung, der Hilflosigkeit und der Erregung breiten sich aus.

Die auftretenden Gefühle können den Alltag vollkommen beherrschen. Sie fühlen sich seelisch in Schmerz und Verzweiflung eingesponnen und wünschen, Sie hätten einen inneren Schalter, den Sie betätigen können, um die aufwallenden Gefühle zu kontrollieren oder abzustellen. Jedes Gefühl ist mit einem Repertoire spezifischer Gedankengänge, Handlungsweisen und Körperhaltungen verbunden. Wenn Sie sich ausgeglichen fühlen, werden Sie sich ganz anders bewegen, denken und handeln, als wenn Sie wütend sind. Gefühle werden immer zu Krafträubern, wenn Sie dagegen ankämpfen, Ihre Emotionen leugnen oder sich wegen Ihrer Empfindungen selbst kritisieren.

Im Folgenden sollen die in einer Trennungsphase vorherrschenden Gefühlsregungen benannt werden. Betrachten Sie Ihre innere Welt so, als könnten Sie in einen bunt schillernden Spiegel sehen, der Ihnen zeigt, wie vielfältig Ihre Gefühlswelt in Belastungssituationen sein kann. Das Erkennen und Benennen der beschriebenen Emotionen wird Ihnen helfen, Ihre Gefühle liebevoll anzunehmen und zu unterstützenden Begleitern auf dem Weg der Befreiung aus Hilflosigkeit und Ohnmacht werden zu lassen.

Das Bemühen, vor den eigenen Gefühlen davonzulaufen, ist genauso wenig möglich, als wenn Sie versuchten, das Atmen einzustellen. Die Gefühle, die durch eine Trennung ausgelöst werden, lassen sich nicht durch Willensanstrengungen abschütteln. Der Versuch, den als unangenehm erlebten Emotionen zu entrinnen, kann genau das Gegenteil bewirken und dazu führen, dass sich diese noch mehr verfestigen. Unterdrückte Gefühle, mit denen Sie sich nicht bewusst und aktiv auseinandersetzen, sind in Ihrem Unterbewusstsein gespeichert und nehmen unterschwellig auf Ihre Stimmung und Ihre Befindlichkeit Einfluss. Auch die negativen Gefühle sind Teil Ihrer Lebenssituation und Ihrer persönlichen Beziehungsgeschichte. Die grundsätzliche Bejahung sämtlicher Gefühle in einer Trennungssituation hilft, sich den aus der veränderten Lebenssituation resultierenden Enttäuschungen und Frustrationen gewachsen zu fühlen und damit umgehen zu lernen. Die innere Wunde heilt, wenn Sie sich selbst ernst nehmen und dabei unangebrachte Widerstände gegen das innere Gefühlsgeschehen aufgeben.

Einsamkeit

Je lebendiger und empfindsamer ein Mensch ist, umso stärker erlebt er auch die Einsamkeit nach einer Trennung.

Überall begegnet man nach einer Trennung den Erinnerungen an den Expartner. Die Kleidungsstücke, die im Flur hingen, sind verschwunden, seine Lieblingstasse steht morgens ungefüllt im Schrank, dort, wo seine Zeitungen und Bücher lagen, ist ein leerer Platz. Es ist, als ob Ihnen der Partner auf Schritt und Tritt wieder begegnen würde. An jeder Ecke der Wohnung lebt eine Erinnerung, die blitzlichtartig auftaucht und Ihnen schmerzlich bewusst macht, dass nicht mehr ist, was einmal war.

Jede Beziehung hat rhythmisch wiederkehrende Zeiten, in denen bestimmte Dinge immer wieder gleich geschehen. Das gemeinsame Frühstück, die Gestaltung von Familienausflügen am Wochenende, das Gespräch über häusliche Anschaffungen, die Telefonate, die er/sie entgegennahm, und noch vieles mehr. Es ist, als wäre der bisherige gemeinsame Tagesablauf in Ihrem Unterbewusstsein gespeichert. Auch wenn Sie sich abzulenken versuchen, taucht das Bild Ihres Expartners immer wieder gerade zu den Zeiten auf, in denen sich im Laufe der gemeinsamen Zeit bestimmte Ereignisse gehäuft haben, zum Beispiel, wenn sich die Uhrzeit nähert, in der er/sie normalerweise nach Hause kam.

Der Partner begleitet Sie als Phantomgestalt und doch sind Sie allein mit Ihren Gedanken, Gefühlen und Sorgen. Das Herauslösen aus den Gedanken an die Gemeinsamkeit mündet in das Gefühl der Verlassenheit und des Nicht-Geborgenseins. Sie sind wieder allein und in den Momenten, in denen Sie sich Ihres Alleinseins in aller Tragweite bewusst sind, auch einsam. Das Gefühl der Einsamkeit kann ganz überfallartig über Sie hereinbrechen, beispielsweise nachts vor dem Einschlafen, wenn Ihnen klar wird, dass niemand neben Ihnen atmet, zu Essenszeiten bei Tisch, wenn Sie allein dort sitzen und sich des Gefühls nicht erwehren können, auf jemanden zu warten. Das Gefühl der Einsamkeit löst die Sehnsucht aus, zu jemandem zu gehören. Die Sehnsucht nach Nähe könnte dazu führen, dass Sie sich nach wie vor an Ihrem Partner festklammern und ihn um Aussprache bitten.

Die Einsamkeit ist eine Krise, die zu einer Lähmung führt. Es ist, als befänden Sie sich in einem Gefängnis, von den Kontakten der Außenwelt abgeschlossen und in schmerzliche Empfindungen verstrickt, die auch der wohlmeinendste Besucher nicht beseitigen kann.

Das Alleinsein kann zu einer täglichen Höllenfahrt werden. Im Alleinsein begegnen Sie sich selbst und Ihren bedrückenden inneren Gefühlswelten. Ebenso stellen sich Ängste vor der alleinigen Verantwortung ein, die Sie nun für Ihr finanzielles, soziales und häusliches Leben tragen.

In der Phase der Einsamkeit tendieren Sie zu Selbstheilungsversuchen der unterschiedlichsten Art. Vielleicht gehen Sie aus, um zu flirten, und stürzen sich kopfüber in eine Affäre, vielleicht arbeiten Sie übermäßig viel oder trainieren intensiv im Fitnessstudio. Es handelt sich hierbei um Ablenkungen, die den Schmerz der Einsamkeit zwar vorübergehend lindern können, jedoch seelisch nicht die gewünschte Erleichterung bringen. Langfristig können nur Sie selbst sich aus dem Zustand, in dem das Alleinsein belastend ist, befreien. Unabhängig davon, wie erdrückend die Einsamkeit ist, geht es darum, einen Ort der Geborgenheit in sich selbst zu entdecken, damit Glücksmomente wieder möglich werden. Das Gefühl der Einsamkeit ist nämlich nichts anderes als fehlende Nähe zu sich selbst.

Sinnlosigkeit

Die unausweichliche Erkenntnis über das Ende der Beziehung
kann ein Schock sein, da die veränderte Lebenssituation zuerst
einmal die bisherigen Lebenskonzepte infrage stellt. Wie ein
Schiffbrüchiger, der auf einer unbekannten Insel gestrandet ist,
liegt ein Weg vor Ihnen, dessen Risiken und Chancen Sie noch
nicht abschätzen können. In so einer Situation wissen Sie manchmal nicht, was zu tun ist und wie Sie mit Ihrem neuen Leben umgehen wollen, können und sollen.

Der Zusammenbruch bisheriger Zukunftsideen, die an die
Zweisamkeit gebunden waren, kann in eine Sinnkrise einmünden. Gefühl und Seele sind betroffen. Die Trennung ist ein ein-

schneidendes Erlebnis, das bekannte Abläufe stört und viele neue Fragen aufwirft: Wie soll es weitergehen? Weshalb ist es so gekommen? Worin liegen der Sinn und die Bedeutung des Erlebten? Sollen Sie kämpfen oder nachgeben? Anpacken oder aufgeben? Welche Vorstellungen müssen Sie aufgeben und welche dürfen Sie beibehalten?

Diese und andere Fragen führen letztlich zu einer Konfrontation mit der eigenen Person und der tiefgründigen Frage: Wer bin ich? Aus dem »Wir« wird ein »Ich« und eine Begegnung mit sich selbst. Die Auseinandersetzung mit den verschiedenen Persönlichkeitsteilen, die in Ihnen spürbar lebendig geworden sind, steht an. Was ist zu tun, um Ihr Leben wieder in eine positive Richtung zu lenken? Welche Möglichkeiten gibt es, ein befriedigendes Leben allein als Single oder allein ohne Partner mit den Kindern aufzubauen?

Als AutorIn Ihres eigenen Lebensbuchs sollten Sie nun ein neues Kapitel beginnen. Wenn Sie die Sinnhaftigkeit Ihrer bisherigen Erfahrungen anzweifeln, erscheint auch das Leben nach der Trennung als sinnlos. Die Sinnlosigkeit ist eine Befindlichkeit, in der nichts mehr machbar erscheint und keine bewusste Bewegung mehr möglich ist. Der Lebensmut hat nachgelassen und das Leben scheint stillzustehen, während Sie sich mit der Frage »Wozu das alles?« auseinandersetzen.

Anstatt aufzugeben sind Sie dazu aufgefordert, Ihr Schicksal anzunehmen. Die Trennungssituation stellt Sie auf die Probe und fordert Sie dazu heraus, die Suche nach dem Sinn aktiv zu betreiben. Jeder Mensch hat die Fähigkeit, sich wieder für das Leben zu öffnen und dadurch zu finden, was er sucht. Das Gefühl der Sinnlosigkeit regt dazu an, eine neue innere und äußere Heimat zu suchen und neue Werte und Lebensideen zu entwickeln. Sie sind dazu aufgefordert, all Ihre Energie und Aufmerksamkeit auf sich selbst zu lenken, um wieder klar sehen zu können, wer dieses

»Ich« eigentlich ist, wo Ihre Stärken und Fähigkeiten, aber auch Ihre Schwächen und Grenzen liegen.

Vertrauen Sie darauf, dass es bei den Gefühlen der Sinnlosigkeit eine wirkungsvolle Zauberformel gibt. Ihre vielen Fragen aktivieren eine heilende Kraft in Ihrem Inneren. So wie bei einem Puzzle, das Form annimmt, wenn verschiedene Legemöglichkeiten ausprobiert werden, arbeitet es in Ihren unbewussten inneren Schichten. Jede Frage nimmt Einfluss auf Ihr Unterbewusstsein und stimuliert es, Antworten zu suchen und zu finden, die es Ihnen ermöglichen, das Steuer Ihres Lebens wieder selbst in die Hand zu nehmen.

WAHRHEIT
Die Auseinandersetzung mit sich selbst kann dem Leben neuen Sinn und neue Hoffnung geben.

HEILENDER GEDANKE
Ich öffne mich für die inneren und äußeren Botschaften.

NÜTZLICHE ANREGUNG
Schreiben Sie wichtige Fragen auf ein Blatt Papier. Schließen Sie die Augen und bitten Sie Ihr Unterbewusstsein, Ihnen bald eine Antwort zu schicken. Vertrauen Sie darauf, dass Ihnen die Antwort in Form eines Gedankens, einer Information von außen oder in einem Traum zufließen kann.

Verzweiflung

Erinnern Sie sich an eine Situation, in der einmal Ihr Fuß eingeschlafen ist? Es fühlte sich wie kleine, feine Nadelstiche an, als wieder Leben in Ihr Bein kam. Auf der emotionalen Ebene ist das Gefühl der Verzweiflung durchaus vergleichbar mit dem genannten Beispiel. Verzweiflung ist kein apathisches, sondern ein »lautes« Gefühl, das sich nicht verdrängen lässt, sondern schmerzlich fühl- und spürbar ist.

Das Gefühl der Verzweiflung kann als »dunkle Nacht der Seele« bezeichnet werden. Wir empfinden extreme Trauer und glauben, an der Grenze der Belastbarkeit angekommen zu sein. Die uns umgebenden Äußerlichkeiten verlieren an Bedeutung und der innere Schmerz kann sich anfühlen wie ein im Körper sitzender schwerer Klumpen, der die Atmung, das Denken und die geplanten Aktivitäten behindert. Der Eindruck von Schwere macht sich breit.

Der Wunsch, den als unerträglich erlebten Verzweiflungszustand zu beenden, wird gleichzeitig drängender. Sämtliche Versuche, das Gefühl wegzuschieben, werden aber meist scheitern, denn die Verzweiflung ist ein hartnäckiger Geselle. Sie begleitet uns auf allen unseren Wegen und kommt immer wieder zum Vorschein. Der Eindruck, diesem Gefühl gegenüber hilflos ausgeliefert zu sein, setzt sich fest. Es ist in dieser Gefühlssituation schwer, nach außen hin selbstsicher und selbstbeherrscht aufzutreten.

Eine erste Erleichterung wird sich einstellen, wenn Tränen fließen können. Die Verzweiflung entlädt sich jetzt und angestaute Energie kann wieder frei werden. Jede Träne heilt das durch die erlebte Kränkung verwundete Herz und wirkt im Zustand der Verzweiflung wie Labsal. Und dann, wenn die Verzweiflung ihren tiefsten Grund und ihre größte Intensität erreicht hat, kommt wie ein Wunder eine plötzliche Wendung. Es ist, als hätten die Tränen einen inneren Reinigungsprozess eingeleitet, der dazu führt, dass Sie sich danach entspannter und hoffnungsfroher fühlen.

Das Akzeptieren der Trennung und die Suche nach Möglichkeiten, den eigenen Weg positiv zu gestalten, führen nach geraumer Zeit zu einem Abklingen der Verzweiflung und der damit verbundenen Begleiterscheinungen (zum Beispiel das Gefühl, gelähmt und hilflos zu sein). Die Verzweiflung wird sich legen, wenn Sie sich in Ihrem eigenen Interesse für den Aufbau neuer Lebensziele einsetzen.

WAHRHEIT

Die Bejahung der Verzweiflung leitet einen inneren Wandlungsprozess ein.

HEILENDER GEDANKE

Meine Tränen sind wie eine reinigende Quelle.

NÜTZLICHE ANREGUNGEN

> Vertrauen Sie sich anderen an, die es gut mit Ihnen meinen. Die schwere Zeit der Trennung ist dann leichter auszuhalten.

> Programmieren Sie sich positiv. Erinnern Sie sich an einen Wunsch, den Sie lange hegten. Beschließen Sie, sich diesen Wunsch zu erfüllen.

Wut

Wer über Rache sinnt, hält seine eigenen Wunden offen.

Francis Bacon

Der in einer Trennungssituation erlebten Wut können vielfältige Beweggründe zugrunde liegen. Die Art und Weise, wie der Wut Ausdruck verliehen wird, ist zumeist von den bisherigen Lebenserfahrungen abhängig. Je mehr Sie sich für die Beziehung engagiert haben, desto wahrscheinlicher empfinden Sie nach der Trennung Wut.

Wut beunruhigt und führt zu einem erregten Gemütszustand. Man fühlt sich aufgebracht, entrüstet und verärgert, tendiert im Extremfall sogar zu Hass und Gewalttätigkeit. Diese intensive Empfindung der Wut führt dazu, dass Sie den Kontakt zu der gegenwärtigen Situation verlieren und Ihre Wahrnehmung in diesen Momenten eingeschränkt ist.

Wut kann sich körperlich so anfühlen, als ob Sie unter Strom stünden oder einen Sprengkörper, der jeden Moment explodieren könnte, eingebaut hätten. Das bewusste oder unbewusste Gefühl, bedroht zu sein, wirkt wie ein Alarmsignal, das den Wunsch nach Verteidigung hervorruft und Wut- sowie Zornesausbrüche auslöst. Die durch vermeintliche Bedrohung ausgelöste Anspannung drängt nach Entladung. Das Ausagieren der Wut ist wie ein »Aus-der-Haut-Fahren«, das durchaus als angenehm erlebt werden kann, da sich der Ärger reduziert und die Anspannung nachlässt.

Der Partner hat Sie enttäuscht und ist in einer Form mit Ihnen umgegangen, die Sie nicht verkraften können. Sie erleben die Verhaltensweisen Ihres bisherigen Partners als Angriff wie auch als Bedrohung und glauben, darauf reagieren zu müssen. Verständlicherweise setzen Sie die Wut als Mechanismus der Selbstverteidigung ein, um die als bedrohlich erlebte Abwertung der eigenen Person kompensieren zu können.

Der Ärger steigert sich bei jeder weiteren Interaktion mit dem Partner. Die Wut kann dabei so stark werden, dass Sie dem Partner alles nur vorstellbare Böse wünschen. Das Ausagieren der Wut verändert jedoch selten die als leidvoll erlebte Realität, sondern mündet im Allgemeinen in eine Situation ein, in der Sie wiederum weitere Kränkungen erleben, weil Sie nicht die Wertschätzung und Anerkennung erhalten, die Sie eigentlich bräuchten. Dieses Ausleben der Wut wirkt sich dann sogar selbstschädigend aus, wenn Sie zum hilflosen Opfer Ihrer Wutattacken werden. Andererseits ist das Zurückhalten der Wut ebenso ungesund: Sie lenken die aggressive Energie dann gegen sich selbst, was zu Depressionen führen kann.

Wo liegt nun eine mögliche Lösung? Akzeptieren Sie die Wut- und Hassgefühle so lange als Gegebenheit, bis es Ihnen gelingt, die durch den Partner erlebten Enttäuschungen zu erkennen und anzuerkennen. Machen Sie sich dabei bewusst, dass Sie sich täuschen ließen. Möglicherweise waren Sie mehr in Kontakt mit Ihrem Wunschbild und konnten deshalb Ihren Partner mit seinen Schwächen nicht *realistisch* einschätzen. Oder Sie haben sich im Laufe der gemeinsamen Beziehungszeit blind und taub gestellt, um die Elemente auszublenden, die die Beziehung beeinträchtigten.

Wut lässt nach, wenn Sie die Bereitschaft entwickeln, sich der Realität zu stellen, und die Verantwortung dafür übernehmen, dass Sie Ihren Partner bisher falsch eingeschätzt haben oder sich an Bedingungen, die Ihnen nicht entsprachen, anpassten.

Beobachten Sie sich selbst, um das Gefühl der Enttäuschung und Verletzung, das durch den Zorn zurückgedrängt wird, fühlbar werden zu lassen.

WAHRHEIT
Wut entsteht durch Selbsttäuschung.

HEILENDER GEDANKE
Ich lerne, die Ursachen meiner Wut zu verstehen.

NÜTZLICHE ANREGUNGEN

› Lenken Sie Ihre Wut um. Sie können entweder auf ein Kissen einschlagen, laut vor sich hin schimpfen, stampfend durch das Zimmer gehen oder einen weichen Ball so lange in Ihrer Faust zusammengepresst halten, bis Ihre überschüssige Wutenergie sich entladen hat.

› Schreiben Sie Ihrem Partner einen Wutbrief. Alle Formulierungen sind erlaubt. Toben Sie sich dabei verbal aus! Lassen Sie den Brief ein paar Stunden liegen. Entscheiden Sie dann später, ob Sie den Brief abschicken oder als brieflichen Ausdruck Ihrer angestauten Gefühle verwahren möchten.

Schuldgefühle

Ich vergebe mir, denn ich wusste damals nicht,
was ich jetzt weiß.

Jan Borene

Schuldgefühle wirken wie ein falsch eingesetztes Beruhigungsmittel. Sie dämpfen die Aktivität, verlangsamen das Denken und führen zu einem Verlust des Gefühls für die eigene Wertigkeit. Schuldgefühle resultieren aus der Annahme, versagt zu haben. Schuldgefühle entstehen durch Selbstvorwürfe.

Wie der Hauptbelastungszeuge in einem Gerichtsverfahren, der dem Angeklagten die Schuld aufbürdet, werfen Sie sich zurückliegende Versäumnisse und Fehlverhaltensweisen vor. Sie neigen dabei dazu, Ihre Schwächen zu übertreiben, Ihre Stärken zu missachten und sich die Schuld dafür zu geben, dass der Partner ging. Ihre Gedanken kreisen fortwährend um die gleichen Inhalte und Sie verlieren dabei den Kontakt zu Ihrer gegenwärtigen Lebensrealität. Es ist, als würden Sie unter der Bürde einer schweren Last, die Sie niederdrückt und die die Hoffnung und den Lebensoptimismus vertreibt, leiden.

Bei der Neigung, sich selbst zu bezichtigen, handelt es sich in der Regel um ein früher erworbenes Reaktionsmuster, das schon in der Kindheit entstanden ist. Die Erziehungshaltung Ihrer Eltern oder anderer Erziehungspersonen bestärkte Ihren Glauben, den Maßstäben anderer nicht zu entsprechen. Sie haben in diesem Punkt eine kindliche Art des Denkens und Empfindens beibehalten, da Sie das Geschehen in Konfliktsituationen verzerrt und auf sich selbst bezogen wahrnehmen. Gesichtspunkte, welche die eigene Schuldhaftigkeit infrage stellen würden, werden weggeschoben.

Die Neigung, in den unterschiedlichsten Situationen mit Schuldgefühlen zu reagieren, führt dazu, dass die Bemühungen, es anderen recht machen zu wollen, gesteigert werden. Gedanken über die eigene Schuld binden Sie an die Vergangenheit und begrenzen Sie in Ihren Möglichkeiten des Loslassens und Neugestaltens. Letztlich profitieren weder Sie noch die Ihnen nahestehenden Personen von selbstverurteilenden Gedankengängen.

Wichtig ist, dass Sie Ihre hohen Erwartungen an sich selbst abbauen. Akzeptieren Sie, dass Sie nicht perfekt sein konnten und niemals perfekt sein werden. Erleichterung tritt ein, wenn Sie sich ganz bewusst dafür entscheiden, die schuldzuweisenden Gedanken zu stoppen, und anstelle der vertrauten Selbstkritik Entschuldigungen für Ihr Verhalten suchen.

Sollten Ihnen der Expartner und/oder dessen Eltern oder andere Menschen Schuldgefühle einreden, so müssen Sie sich entschieden dagegen verwehren. Niemand kann Ihnen ohne Ihr Einverständnis ein Gefühl der Schuld vermitteln. Jede Situation kann aus unterschiedlichen Perspektiven betrachtet werden. Setzen Sie deshalb zu Ihrem Schutz Grenzen.

WAHRHEIT
Die Neigung, mit Schuldgefühlen zu reagieren, ist erlernt und kann auch wieder verlernt werden.

HEILENDER GEDANKE
Ich leite jeden Tag kleine Schritte ein, die meiner Selbstachtung dienen.

Schreiben Sie auf, welche Verhaltensweisen Ihres Partners die Beziehung verschlechterten. Nehmen Sie in all den Momenten, in denen Sie sich schuldig fühlen, Ihre Aufzeichnungen zur Hand und sagen Sie sich dabei, dass auch er/sie Verantwortung am Auseinandergehen trägt.

Zusammenfassung

Ihr Gefühlsleben ist während einer Trennungsphase sehr vielschichtig. Die genannten Gefühle sind Varianten einer Vielzahl möglicher Empfindungen. In einer Trennungssituation können sich die Emotionen miteinander vermischen, wie das zum Beispiel der Fall ist, wenn Wut zugleich mit Trauer und Angst verbunden ist oder das Gefühl der Verzweiflung dazu antreibt, sich in der jeweiligen Konfliktsituation ganz besonders mutig zu verhalten.

Emotionen lösen Körperreaktionen aus. Die zu Wutgefühlen passenden Körperreaktionen sind beispielsweise beschleunigtes Herzklopfen, Schweißausbrüche, Händezittern und mitunter Muskelkrämpfe und Muskelverspannungen. Solche Körperreaktionen können hilflos machen, weil Sie glauben, keine Kontrolle mehr über Ihre Gefühle und Ihren Körper zu haben. Intensive Emotionen haben jedoch nur eine kurze Verweildauer. Die volle Intensität Ihres Gefühls wird nur wenige Sekunden oder Minuten fühlbar sein, jedoch nicht Stunden oder Tage anhalten. Es kommt selten vor, dass jemand den ganzen Tag über wütend oder ängstlich ist.

Gefühle können sich von Moment zu Moment wandeln. In

einem Moment können Sie ganz gelassen sein, während Sie im nächsten vollkommen von Ihren Gefühlen beherrscht werden. Gefühle haben ihre eigene Logik. Akzeptieren Sie, dass Sie in Ihrer Situation gelegentlich von intensiven Gefühlen überflutet werden. Erst nach dem Abklingen der ersten intensiven Emotionen können Sie Einfluss darauf nehmen und entscheiden, wie Sie sich verhalten möchten.

Der Weg:
Aufbau neuer Lebensperspektiven

Am Grunde des Herzens eines jeden Winters liegt ein Frühlings-
ahnen, und hinter dem Schleier jeder Nacht verbirgt sich ein
lächelnder Morgen.
Khalil Gibran

Trennungserfahrungen werden emotional ganz besonders belastend erlebt, wenn die betroffenen Personen sich als Opfer widriger Umstände fühlen. Die dabei erlebte Hilflosigkeit kann lähmen und dazu führen, dass Konflikte passiv hingenommen werden und Handlungsimpulse entweder nicht mehr wahrgenommen oder unterdrückt werden. Ebenso kann die negative Erfahrung dazu führen, dass mögliche zukünftige Beziehungen nur unter dem Blickwinkel des Misserfolgs und des Scheiterns gesehen werden.

Die Entscheidung, schmerzliche Erlebnisse loszulassen und sich auf den zukünftigen Weg positiv einzulassen, liegt bei Ihnen. Auch nach 20 Beziehungsjahren und mehr können Sie lernen, das Alleinsein befriedigend zu gestalten, längst vergessene Vorlieben wieder zu entdecken und sich zu Neuem vorzutasten. Fragen, die die Suche nach Antworten provozieren, werden auftauchen. Wer sind Sie als Single? Welche Probleme haben Sie als Einzelperson? Welche Ressourcen können Sie aktivieren, um die neue Lebenssituation zu bewältigen? Wie werden Sie den Blick von den alten Wunden und Verletzungen lösen, um mit neuem Mut in die Zukunft zu blicken?

Das nachfolgende Schema zeigt zwei sich voneinander unterscheidende Sichtweisen. Das Verharren in einer vergangenheitsorientierten und auf die Exbeziehung bezogenen Position führt zu einem Kraftverlust. Das Bejahen einer zukunftsorientierten und auf sich selbst bezogenen Sichtweise bewirkt, dass die Trennung zu einem Selbsterfahrungs- und Wachstumsprozess wird, der Sie in Ihrer persönlichen Entwicklung voranschreiten lässt.

Sie haben die Wahl! Die Entscheidung, sich für den Aufbau einer zukunftsbezogenen Position einzusetzen, bedeutet, dass Sie sich neuen und nicht vertrauten Situationen stellen und dabei Ihre persönlichen Kraftquellen herausfinden.

Stellen Sie sich einen Gang mit einer Tür auf der rechten Seite und einer Tür auf der linken Seite vor. Die linke Tür trägt die Aufschrift »Weg in die Vergangenheit«, während auf der rechten Tür das Schild »Weg in die Zukunft« angebracht ist. Schließen Sie für einen kurzen Moment die Augen. Stellen Sie sich dabei vor, dass Sie sich dazu bereitmachen, die Tür in die Zukunft zu öffnen. Stellen Sie sich diese Tür so konkret wie möglich vor: Wie groß ist sie? Aus welchem Material besteht sie? Wie ist der Türknauf gestaltet? Wenn Sie möchten, können Sie die Tür öffnen. Was befindet sich dahinter? Sollte Ihnen die dabei entstehende Vorstellung nicht gefallen, wandeln Sie diese einfach in ein angenehmes Bild um.

Das Handwerkszeug, das Sie benötigen, soll das nachfolgende Übungsprogramm sein. Sie werden schrittweise dazu angeleitet, die Tür zu einer angenehmen Zukunft zu öffnen. Sie bauen dabei noch bestehende emotionale Abhängigkeiten ab und gewinnen eine kritische Distanz zu der Beziehung, die Ihnen Leid und Schmerzen bereitet hat. Sie befinden sich am Anfang einer abenteuerlichen Reise. Ihr bisheriger Lebensentwurf soll verabschiedet und ein neuer Anfang gewagt werden. Jeder Tag kann zu einer Herausforderung werden, um neue Möglichkeiten auszukundschaften.

	Vergangenheits-bezogene Sichtweise »Was du mir angetan hast ...«	Zukunftsbezogene Sichtweise »Ich vergebe dir und mir«
Gefühle	Hilflosigkeit, Selbst-wertverlust, Depres-sion	Handlungsbewusst-sein, Selbstachtung, Lebensfreude
Gedanken	problembezogenes Denken	lösungsbezogenes Denken
Verhalten	Konzentration auf den Expartner: Streit, Auseinandersetzung, Anklagen	Konzentration auf den eigenen Prozess: Selbstauseinanderset-zung, Herausfinden persönlicher Kraft-quellen, Bereitschaft zum Neubeginn, Erproben neuer Möglichkeiten
Lebensein-stellung	Ich-kann-nicht-Einstel-lung, zum Beispiel: »Ich kann mich nicht lösen«	Ich-tue-es-Einstellung, zum Beispiel: »Ich lebe in der Gegenwart und bin für meine Zukunft selbst verantwortlich«
Konse-quenzen	eingeschränkter Handlungsspielraum	Zugewinn an Hand-lungsfähigkeit

Verabschiedung:
Loslassen und Gefühle zulassen

Es gibt sicherlich nicht nur eine, sondern mehrere innere Stimmen, die Ihnen sagen, dass die Trennung sinnvoll und richtig war. Die Auseinandersetzungen, die letztlich zur Auflösung der Beziehung führten, sind nicht mehr rückgängig zu machen. Sie sind tatsächlich passiert!

Auch wenn Sie es noch so sehr wünschten, so haben Sie doch keinen Zauberstab, mit dessen Hilfe Sie die gemeinsame Zeit zurückdrehen könnten, um noch einmal unter ganz anderen Voraussetzungen von vorn anzufangen. Die Verabschiedung des Partners ist also die einzig mögliche Wahl, um gedanklich und gefühlsmäßig die an die Beziehung gebundenen Wünsche und Vorstellungen loszulassen und sich den Ängsten und Zweifeln, die mit dem Verlust der Partnerschaft einhergehen, zu stellen.

Die Gefühle, die in der Phase des Loslassen-Wollens und -Müssens auftreten, können so schmerzlich sein, dass die Verabschiedung hinausgezögert wird und die Versuche, den Partner wiederzugewinnen, intensiviert werden. Diese Bemühungen werden unternommen, um den vermeintlich nicht auszuhaltenden

Schmerz über den Verlust der Beziehung abzumildern. Als ob sich ein konfus machender Nebel in Ihrem Inneren ausgebreitet hätte, werden die Negativseiten des Partners dann vollkommen ausgeblendet. Sie fühlen, bewegen und verhalten sich wie in Trance. Sie erschaffen sich eine unwirkliche Welt, in der die Partnerschaft idealisiert wird. Im Bedürfnis, zu heilen und getröstet zu werden, flüchten Sie in eine Tagtraumwelt, um die belastende Wirklichkeit auszublenden. Sie ahnen und wissen gleichzeitig, dass die Hoffnung nicht erfüllt wird. Das Nicht-wahrhaben-Wollen verhindert das Loslassen und kann genau das Gegenteil bewirken: dass Sie sich noch mehr verstricken.

Im Gegensatz hierzu ist die Verabschiedung eine bewusste Willensentscheidung. Sie bejahen die Trennung und die damit verbundenen Umstände. Dabei akzeptieren Sie, dass die Zeit gekommen ist, um loszulassen, allein weiterzugehen und sich auf ein neues Leben vorzubereiten. Das Loslassen konfrontiert Sie mit den dunklen Seiten in Ihrem Inneren. Im Prozess des Loslassens lernen Sie sich selbst zu verstehen, die eigenen Stärken und Schwächen wahrzunehmen und neue Kraftquellen zu erschließen. Sie sind in der Situation eines Schiffbrüchigen, der auf einer Insel gestrandet ist. Da das Schiff, mit dem er reiste, untergegangen ist, bleibt ihm nichts anderes übrig, als sich mit der neuen Situation zu arrangieren und die Insel zu erkunden.

Die Übungen im Kapitel »Rituale zur Verabschiedung: Akzeptieren und loslassen« bieten Ihnen Möglichkeiten, wie Sie den Prozess des Loslassens erleichtern und die nötigen Schritte einleiten können, um Linderung bei der Heilung Ihrer seelischen Verletzungen zu finden.

WAHRHEIT
Bewusstes Loslassen macht frei und öffnet
die Tür zu neuen Wegen.

HEILENDER GEDANKE
Ich akzeptiere das, was ist.

Sinnfindung:
Einen liebevollen Kontakt zu sich selbst aufbauen

Der durch eine Trennung oder Scheidung ausgelöste Selbstwert-verlust ist im Allgemeinen mit Selbstzweifeln verbunden. So wie eine Blume Wasser und Luft benötigt, um zu wachsen und zu gedeihen, brauchen Sie in einer Situation, in der Sie sich in Ihrer Wertigkeit und Einzigartigkeit als Mensch nicht geachtet fühlen, Liebe, Trost und positive Rückmeldungen von anderen.

Aber nicht nur andere Menschen können Sie beim Durch-leben der verschiedenen Trennungsphasen hilfreich begleiten. Auch Sie selbst sind dafür verantwortlich, sich um Heilung zu be-mühen. Eine Trennung fordert Ihr inneres Potenzial heraus: Sie sollen nicht zerbrechen und aufgeben, sondern Ressourcen in sich freisetzen, die es Ihnen ermöglichen, sich in das Unbekannte vorzuwagen und Hoffnung in der Hoffnungslosigkeit entstehen zu lassen.

Im Auf und Ab des Lebens müssen wir uns immer wieder auf Verabschiedungen und Neuanfänge einlassen. Die Trennung mündet nur dann in eine Sackgasse, die zu einer schwarzen, un-durchdringlichen Mauer hinführt, wenn Sie die Monate oder

Jahre Ihrer Verbindung als verlorene Zeit betrachten. Sie entwerten dadurch Lebenszeit, in der Sie kostbare Erfahrungen sammelten.

Sie kommen jetzt nicht umhin, sich aktiv darum zu bemühen, Vertrauen zu sich und Ihre Selbsthilfefähigkeiten zu entwickeln, sich eine positive Zukunft aufzubauen, in der beglückende Erfahrungen wieder möglich werden. Die Trennung lädt Sie dazu ein, die Verantwortung für Ihr eigenes Lebensglück zu übernehmen. Sagen Sie Ja zu den sich einstellenden Gefühlen, denn Ihre Gefühle der Wut und Trauer dürfen sein. Sollten Sie gegen Ihre Gefühle ankämpfen, so ist das wie eine Selbstvergiftung, die Ihr Leid nur vergrößert. Die Bejahung einer gegebenen Situation führt dazu, dass die benötigte Energie, um Unerwünschtes abzuwehren, wieder frei verfügbar ist.

In diesem Prozess steht die Befriedigung eigener Bedürfnisse im Vordergrund. Verwöhnen Sie sich selbst so mit Fürsorge, als ob Sie sich um einen besonders geliebten Menschen oder um Ihr Kind kümmerten, das gerade eine Verletzung erlitten hat. Nur auf diesem Wege finden Sie in Phasen der Verzweiflung den Trost, den Sie brauchen.

Die Übungen im Kapitel »Rituale zur Heilung des verwundeten Herzens« werden Sie dabei unterstützen.

WAHRHEIT
Der liebevolle Umgang mit sich selbst ist tröstlich und heilend.

HEILENDER GEDANKE
Meine Bedürfnisse sind wichtig.

Wandlung:
Die Kraftposition festigen

Trennung als Loslösung und Ablösung von vertrauten Umwelten erleben wir in den unterschiedlichsten Situationen, zum Beispiel bei der Ablösung aus dem Elternhaus oder nach einem Schul- oder Berufsbildungsabschluss. Die mit einer Trennung einhergehenden Lebensumstellungen führen zu einer notwendigen Auseinandersetzung mit bisherigen Werten, Wünschen und Vorstellungen.

Diese Auseinandersetzung kann, besonders wenn es sich um die Auflösung einer Beziehung handelt, eine geistige und seelische Entrümpelung sein. Sie werden sich dabei verändern, neuen Dingen in Ihrem Leben Raum geben und persönliche Stärke aufbauen. Die alleinige Verantwortung für den weiteren Lebensweg zu tragen, ist nach einer Trennungserfahrung ein schöpferischer Prozess. Eine Wandlung tritt ein, wenn Sie sich in neuen Formen der Alltagsgestaltung erproben und bewähren können. Während dieses Prozesses werden Sie irgendwann die Gedanken an Ihre vergangene Beziehungsgeschichte ablegen und bereit sein, sich durch aktive Handlungen Erfolg versprechende Möglichkeiten zu schaffen.

Schließen Sie jetzt die Augen. Denken Sie dabei den Satz: »Ich bin eine sprudelnde Quelle voller Kraft in mir.« Welche Gedanken, Gefühle und Vorstellungen entwickeln Sie dabei?

Sie werden im Kapitel »Rituale zur Aktivierung innerer Kraftquellen« angeregt, Ihr persönliches Kraftpotential zu erweitern und neue Kraftquellen zu erschließen.

Neuorientierung:
Experimente wagen und den Blick nach vorn richten

Stellen Sie sich vor, in einen Zug einzusteigen, der Sie zu einem noch unbekannten Ort bringen wird. Eine Zugfahrt kann vor allem dann ein schönes Erlebnis sein, wenn Sie sich dem Hier und Jetzt hingeben, um ganz bewusst zu erleben, was während der Reise geschieht. Vielleicht unterhalten Sie sich angeregt mit einem Mitreisenden, vielleicht blicken Sie aus dem Fenster, um das sich ständig verändernde Landschaftsbild in sich aufzunehmen. Im Idealfall lösen Sie sich sowohl von Gedanken, die sich mit Vergangenem beschäftigen, als auch von der Wunschvorstellung, so schnell wie möglich am Zielort einzutreffen. Jeder Augenblick Ihrer Reise kann zu einer bereichernden Erfahrung sich wandelnder Einzelmomente werden, wenn Sie Ihre Aufmerksamkeit auf Ihr gegenwärtiges Fühlen und Erleben richten und traumatische Zeiten und Erlebnisse hinter sich lassen.

Ebenso ist es mit der gemeinsam verbrachten Beziehungszeit. Das Misslingen Ihrer Beziehung sollte kein Grund sein, ihr unablässig nachzutrauern und auf Dauer entmutigt zu sein. Jeder Tag bietet Ihnen die Möglichkeit, neue Ziele und Lebensperspektiven aufzubauen. Sie richten Ihren Blick dazu zunächst auf das Hier und Jetzt und werden dadurch bereit, im eigenen Interesse zu handeln.

Der Aufbau erreichbarer kleiner realistischer Ziele wird es Ihnen erleichtern, zukünftige Handlungs- und Lösungsmöglichkeiten zu erproben. Machen Sie sich dabei bewusst, dass es sinnvoll ist, mit neuen Situationen zu experimentieren und Unbekanntes zu wagen. Ein Experiment darf auch misslingen. Es muss nicht zu irgendeinem gewünschten Ergebnis führen, sondern dient lediglich dazu, herauszufinden, wo mögliche Alternativen für Sie liegen.

Stellen Sie sich nach jedem Schritt, den Sie tun, immer wieder die Frage, wie Ihr Leben nach der erfolgreich bewältigten Trennung aussehen sollte. Diese Frage aktiviert bewusst oder unbewusst bereits vorhandene Ressourcen. Hoffnung auf positive Veränderung entsteht durch Handlungen! Sie werden so zum Regisseur und Akteur Ihrer sich verändernden Lebensgeschichte und lernen neue, bislang unbekannte Rollen einzunehmen.

Die Übungen im Kapitel »Rituale zur Neuorientierung: Neue Sichtweisen aufbauen« unterstützen Sie bei diesem Prozess.

Die Gewinnhaltung:
Aktivieren Sie Ihren Inneren Beobachter

Stellen Sie sich vor, einen kleinen Stein in einen See zu werfen. Unmittelbar danach entsteht an der Einwurfstelle eine kreisförmige Wellenbewegung. Die Wellen breiten sich aus, um sich kurz darauf wieder zu verflüchtigen. Ähnlich ist es mit Ihren Gefühlen und Empfindungen. Ein äußeres Ereignis, wie beispielsweise ein Brief des Scheidungsanwaltes, kann heftige Gefühle bei Ihnen auslösen, die aber nach einer kürzeren oder längeren Dauer wieder abklingen werden.

Warten Sie einfach ab, bis die belastenden Gefühle abgeflaut sind. Überdenken Sie dann, wie Sie sich verhalten haben und wie Sie sich idealerweise hätten verhalten können. Sammeln Sie daraus Erkenntnisse und neue Verhaltensideen.

Prüfen Sie, welche sonstigen Bewältigungsmöglichkeiten Ihnen in der betreffenden Situation noch zur Verfügung gestanden hätten. Fragen Sie sich dabei: Wer gestaltet eigentlich mein persönliches Leben – ich selbst oder äußere Umstände?

In Momenten, in denen Sie sich belastet fühlen, sollten Sie sich ganz genau beobachten. Finden Sie heraus, was in Ihnen vorgeht! Beobachten Sie Ihre Gedanken, Ihre Gefühle und die Umstände, welche die jeweiligen Reaktionen ausgelöst haben. Sie gewinnen dann ein wenig Abstand zur inneren Belastung und können eine wohltuende Distanz zu bisher unangenehmen Situationen herstellen.

Versuchen Sie sich dabei vorzustellen, Sie könnten aus sich selbst heraustreten und Ihre Situation von außen so betrachten, als ob Sie ein neutraler Beobachter wären. Als Beobachter Ihres Veränderungsprozesses können Sie selbstschädigenden Gedanken Einhalt gebieten. Sie übernehmen die Verantwortung für Ihr inneres Selbstgespräch und bemühen sich darum, in Kontakt mit handlungsfähigen Ich-Anteilen zu treten. Es wird dann sehr viel leichter möglich sein, die aus der Trennung entstandenen – vermeintlichen und tatsächlichen – Verluste aus einem anderen Blickwinkel zu betrachten.

Das Einnehmen der Haltung eines Inneren Beobachters lässt sich durch Übung erlernen. Manche Rituale der folgenden Kapitel fordern Sie dazu auf, »aus sich selbst herauszutreten«. Dabei bauen Sie quasi eine gedankliche Brücke, die Sie überqueren, um dann nicht mehr wie bisher mit automatisch ablaufenden Reaktionen zu verschmelzen, sondern als Beobachter bewusst wahrzunehmen, was und wie Sie etwas tun.

WAHRHEIT
Abstand hilft und heilt.

HEILENDER GEDANKE
Ich kann in jedem Moment den Inneren Beobachter aktivieren.

NÜTZLICHE ANREGUNGEN

❭ Stellen Sie sich vor, in die Gedankenwelt einer Person schlüpfen zu können, die es besonders gut mit Ihnen meint. Was würde Ihnen diese Person in einer bestimmten Situation konkret raten? Was würde sie sagen, wenn sie wüsste, dass Sie zum Beispiel gerade einen Liebesbrief an Ihren Exfreund schreiben? Reservieren Sie täglich ein paar Minuten dafür, um den Inneren Beobachter zu kontaktieren.

> Reisen Sie gedanklich zehn Jahre in die Zukunft. Was würden Sie zehn Jahre später über Ihre heutige Lebenssituation denken? Nehmen Sie die Beobachterperspektive ein, um eine Antwort auf diese Frage zu finden.

Ihr persönliches Handwerkszeug: Rituale und Übungen

Die im Folgenden angebotenen Rituale beziehungsweise Übungen möchten Sie dabei unterstützen, den Inneren Beobachter zu schulen, sich belastender Gefühle und Gedanken bewusst zu werden sowie neues Verhalten auszuprobieren. Diese Übungen sollen brauchbare Werkzeuge während der Zeit der Trennungsauseinandersetzung sein. Die folgende Abbildung zeigt Ihnen, wie Ihr Weg verlaufen kann.

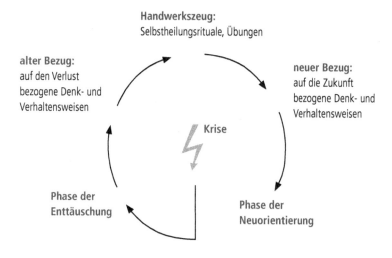

Handwerkszeug:
Selbstheilungsrituale, Übungen

alter Bezug:
auf den Verlust
bezogene Denk- und
Verhaltensweisen

neuer Bezug:
auf die Zukunft
bezogene Denk- und
Verhaltensweisen

Krise

Phase der
Enttäuschung

Phase der
Neuorientierung

Während der Krise werden Sie sich möglicherweise enttäuscht oder verbittert fühlen. Ihr Denken ist vorerst darauf ausgerichtet, die Bedingungen, die zur Trennung führten, verstehen zu wollen und sich sowohl mit Ihrem eigenen Verhalten als auch mit dem des Partners auseinanderzusetzen. In der darauffolgenden Phase suchen Sie nach Möglichkeiten, um mit der veränderten Lebenssituation angemessen umgehen zu lernen. Die Durchführung von Ritualen und Übungen kann Sie dabei unterstützen, sich neu zu orientieren und auf die Zukunft bezogene Denk- und Verhaltensweisen zu entwickeln.

In diesem Zusammenhang möchte ich eine Metapher gebrauchen, die Ihnen verdeutlicht, dass eine Trennung Ihren zukünftigen Lebensweg positiv befruchten kann.

Stellen Sie sich vor, Ihre bisherige Wohngegend sei durch eine Sturmflut oder einen Erdrutsch verwüstet worden und Sie müssten Ihre Heimat verlassen (= Krise). Nach mühevollen Wegen, auf denen das Reisegepäck schwer auf Ihnen lastet, erreichen Sie eine fruchtbare Gegend, in der Sie sich niederlassen können. Sie profitieren bei der Einrichtung Ihres neuen Hauses aus den Erfahrungen der Vergangenheit. Der Weg zu Ihrer neuen Wohnung mag Ihnen zwar unmittelbar nach dem Verlust des alten Hauses beschwerlich erschienen sein, wird jedoch in der Rückschau eine andere Bedeutung für Sie bekommen. Sie sind jetzt nicht mehr Opfer der widrigen Umstände, sondern gestalten Ihren neuen Lebensweg voller Zuversicht. Stellen Sie sich dabei vor, Sie hätten einen Koffer voller Selbsthilfemöglichkeiten:

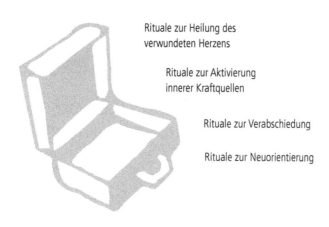

Rituale zur Heilung des
verwundeten Herzens

Rituale zur Aktivierung
innerer Kraftquellen

Rituale zur Verabschiedung

Rituale zur Neuorientierung

Die Bewältigung der Trennung kann jetzt zu einer Lernerfahrung werden, welche Sie in Kontakt mit den in Ihrem Koffer verborgenen Fähigkeiten bringt. Das Bild des Koffers soll symbolisieren, dass es sich um eine unvermeidliche Reise handelt. Bei der Planung der Reiseroute ist es wichtig, Erinnerungen nicht festzuhalten, sondern zu verabschieden und dabei Veränderungen zuzulassen (= Rituale der Verabschiedung).

Jede Trennung ist eine Zeit der Selbstbesinnung, in der Sehnsüchte, Wünsche und Bedürfnisse bewusst werden und in der Gefühle des Alleinseins, der Trauer, der Verlassenheit und des Verlustes vorhanden sind. Der damit verbundene Trauerprozess erschüttert und bewegt. Was vorher zusammengewachsen ist, wird nun auseinandergerissen und getrennt. Rituale zur Heilung des verwundeten Herzens werden Sie dabei unterstützen, die durch die Ablösung aufgebrochenen Gefühle und Gedanken zuzulassen und einen Selbstwerdungs- und Heilungsprozess aktiv anzustreben. Während die äußere Trennung wahrscheinlich schon abgeschlossen ist, sollen Sie hierbei Ihre Aufmerksamkeit nach innen lenken.

Bedingt durch die Umstände der Trennung haben Sie möglicherweise Ihren Blick für die Fähigkeiten und Möglichkeiten, die in Ihnen stecken, vorübergehend verloren. Durch Rituale zur Aktivierung innerer Kraftquellen werden Sie dazu angeleitet, Blockaden aufzulösen, Energien freizusetzen und verschüttete Kraftquellen zu aktivieren.

Die Rituale zur Neuorientierung sollen Sie schließlich dabei unterstützen, unangemessene Denkweisen aufzugeben und sich positiv auf eine veränderte Lebenssituation einzustimmen. Diese Übungen sollen bewirken, dass Sie konkrete Pläne entwickeln und sich mit möglichen positiven Zukunftsideen beschäftigen. Dabei übernehmen Sie die Verantwortung für Ihren Selbstfindungs- und Selbstheilungsprozess.

Je nach Befindlichkeit und situativer Faktoren werden Sie sich jeweils von unterschiedlichen Ritualen und Übungen angesprochen fühlen. Manchmal mag es Ihnen angebracht erscheinen, über etwas nachzudenken, während Sie sich an anderen Tagen in die Welt der inneren Bilder und Vorstellungen versenken möchten. Und es kann durchaus sein, dass nicht jedes Ritual für Sie geeignet ist.

Überfliegen Sie das Programm zunächst, um sich einen Überblick zu verschaffen. Finden Sie dabei heraus, welches Kapitel oder welche Rituale innerhalb eines Abschnittes Ihnen in der momentanen Lebensphase am meisten helfen könnten. Experimentieren Sie dabei mit Ritualen aus ganz unterschiedlichen Kapiteln. Die Rituale beziehungsweise Übungen sind in zwei Bereiche untergliedert:

Wahrnehmungs- und Handlungsaufgaben

Diese Aufgaben fördern die Auseinandersetzung mit Ihren Gefühlen und Gedanken.

Die Rituale aus diesem Bereich sind ganz besonders gut für Sie geeignet, wenn Sie

> fehlgeleitete Denkweisen ablegen wollen;
> Ordnung in Ihren »Problemberg« bringen möchten;
> mit belastenden Gefühlen umgehen lernen wollen;
> über mögliche konkrete Handlungen nachdenken möchten.

Vorstellungsübungen: Schöpferisch mit inneren Bildern umgehen lernen

Innere Bilder entstehen in entspanntem Zustand. Sie sinken dabei in eine leichte Trance und üben die Fähigkeit, mit heilenden inneren Kräften in Kontakt zu treten. Die damit verbundenen Vorstellungsbilder führen Sie zu einem kreativeren Umgang mit Problem- und Konfliktsituationen.

Diese Rituale sind ganz besonders gut für Sie geeignet, wenn Sie

> innere Bilder gezielt einsetzen, um sich nicht nur räumlich, sondern auch emotional zu lösen;
> sich durch die Kraft der Vorstellung positiv beeinflussen möchten, um selbstgesteckte Ziele zu erreichen;
> in der Fantasie ausprobierte Handlungen in reale Handlungen umsetzen möchten.

Praktischer Tipp

Bei der Arbeit mit Vorstellungsbildern sollten Sie sich an einem Ort befinden, an dem Sie ungestört sind und bequem entspannen können. Lesen Sie die Anleitung der jeweils ausgewählten Übung vorher aufmerksam durch. Schließen Sie dann die Augen. Atmen Sie ruhig und gleichmäßig und stellen Sie sich dabei vor, in Ihre innere Welt einzutauchen. Wenn Sie möchten, können Sie dabei auch langsam rückwärts von zehn bis eins zählen und sich dabei vorstellen, bei jeder Zahl tiefer zu sinken und entspannter zu sein. Sie werden bemerken, dass sich Ihre inneren Bilder nach jeder einzelnen Übungseinheit farbiger und lebendiger gestalten werden.

Und noch ein Tipp: Schalten Sie den Tastsinn ein. Stellen Sie sich vor, Elemente Ihrer Bildvorstellung zu berühren und zu befühlen. Die Bilder werden sich dadurch vertiefen.

Rituale der Selbsthilfe

Früher war es üblich, im Falle des Ablebens eines geliebten Menschen Trauerrituale durchzuführen. Die Angehörigen konnten zum Beispiel Klageweiber rufen, die am Totenbett des Verstorbenen Klagelieder anstimmten. Solche und andere Bräuche halfen, sich mit der Trauer auseinanderzusetzen. Beim gemeinsamen Abschiednehmen vom Verstorbenen durfte man seinen Gefühlen freien Lauf lassen. Die Erlaubnis, dem Trennungsschmerz Ausdruck zu verleihen, erleichterte die Ablösung im Sinne eines inneren Loslassens. Dadurch wirkte das an das Trauerritual anschließende Begräbnis in seiner Endgültigkeit weniger belastend.

Rituale helfen nicht nur durch ihre schützende und stützende Funktion, sondern machen wichtige Übergänge bewusst und erleichtern in Extremsituationen den Umgang mit Krisenmomenten. Ursprünglich waren Rituale mit religiösen Bräuchen verbunden. Die tröstliche und heilende Kraft ritueller Techniken wird noch heute in vielen Kulturen genutzt. Schamanen auf der ganzen Welt nutzen Rituale, um Heilungszeremonien einzuleiten. Bei den Navajo-Indianern in Nordamerika ist es beispielsweise üblich, dass ein heilkundiger Medizinmann für den Kranken ein Sandbild erstellt, wobei Sand eingefärbt und in symbolisch bedeutsamen Formen ausgelegt wird. Ein Ritual ist mit einer magischen Handlung vergleichbar. Es hat einen genau festgelegten und sich wiederholenden Ablauf, der in unterschiedlichen Situationen immer gleich zelebriert wird.

Tauchen Sie für einen kurzen Moment in Ihre Fantasie ein. Stellen Sie sich vor, in Arizona bei einem Navajo-Medizinmann zu sein. Nur für Sie und Ihre konkrete Situation hat der indianische

Heiler in vielen Stunden mühseliger Arbeit ein Sandbild erstellt, dessen Anblick Ihnen helfen soll, sich von Ihrem Partner zu lösen. Ihr kritischer Verstand sagt Ihnen möglicherweise, dass es sich hierbei um Hokuspokus handle, der keine Wirkungen entfalten könne, doch stimuliert das Bild im Sand Ihre Sinne und wirkt auf das Unterbewusstsein ein. Die gewählte Form und die verwendeten Farben haben auf Sie, losgelöst von Ihrem verstandesmäßigen Urteil, Tiefenwirkung. Das Unbewusste wird angeregt, Elemente des Bildes, welche Selbstheilungskräfte aktivieren können, in sich aufzunehmen.

Rituale wirken – wie im genannten Beispiel ausgeführt – nicht nur auf der bewussten, sondern auch auf der unbewussten Ebene. Auch in unserem Kulturkreis gibt es zahlreiche Rituale mit jeweils spezifischen Bedeutungsinhalten. Nicht nur bei Festivitäten (zum Beispiel bei einer Heirat und dem mancherorts praktizierten Ritual der Brautentführung), sondern auch im Alltag setzen wir – meist ohne es zu bemerken – Rituale wie magische Handlungen ein. Beispielsweise kann Ihnen jemand »den Daumen drücken« und an Ihrem Scheidungstermin mit guten Wünschen an Sie denken. Es ist so, als wolle man dadurch den guten Ausgang einer Handlung heraufbeschwören. Das Kind in jedem Einzelnen von uns glaubt an Wunder und die Unterstützung der genannten Art kann zu einer innerlichen Beruhigung beitragen.

Der Einsatz von Selbsthilferitualen bei der Trennungs- und Scheidungsbewältigung soll Ihnen helfen, einen veränderten Bezug zu sich selbst, zu Ihrer Situation und zu anderen herzustellen. Die aktive Durchführung dieser Selbsthilferituale wirkt wie eine positive Selbstbeschwörung. Unter Anleitung setzen Sie ritualisierte und sich wiederholende Handlungen mit der Absicht ein, sich aus einer unbefriedigend erlebten Lebenssituation zu lösen.

WAHRHEIT
Die aktive Durchführung von Ritualen beschleunigt den Prozess der Ablösung.

HEILENDER GEDANKE
Ich habe die Fähigkeit, mich positiv zu beeinflussen.

NÜTZLICHE ANREGUNG
Denken Sie an ein persönliches Ritual, das Sie in Ihrem Alltag einsetzen
(zum Beispiel im Frühling den Balkon zu bepflanzen oder davon
auszugehen, dass Ihr weiterer Tag gut verlaufen wird, wenn Sie einem
Kaminkehrer begegnen). In welchen Situationen hilft es Ihnen ganz
besonders? Was empfinden Sie dabei? Würde Ihnen etwas fehlen, wenn
Sie dieses Ritual künftig aus Ihrem Leben streichen müssten?

Rituale zur Verabschiedung:
Akzeptieren und loslassen

Inmitten der Schwierigkeit liegt die Möglichkeit.

Albert Einstein

Verstand und Herz können bei einer Trennung ganz unterschiedliche Standpunkte einnehmen und stimmen selten überein. Ein Konflikt zwischen der Botschaft des Herzens und dem Wissen des Verstandes kann folgendermaßen aussehen: Ein Paar möchte sich aus Vernunftgründen trennen, wie das beispielsweise der Fall ist, wenn einer der beiden Partner eine Familie gründen möchte, der andere Partner sich aber dagegen ausspricht. Das Auseinandergehen wird zu einem schmerzlichen Prozess, wenn einer oder beide Partner gefühlsmäßig noch miteinander verwoben sind. Im Gegensatz hierzu steht das Paar, dessen Gefühle füreinander im Laufe der gemeinsamen Zeit abgestorben sind. Das Auseinandergehen kann hier aus Gründen der Vernunft auf einen späteren Zeitpunkt verschoben werden, wie das zum Beispiel der Fall ist, wenn noch nicht erwachsene Kinder im gemeinsamen Haushalt wohnen. Ebenso kann es passieren, dass in einer Beziehung nur ein Partner den Wunsch hegt, den Kontakt abzubrechen, während der andere sich auf die Fortführung der gemeinsamen Zeit eingestellt hat und eine Trennung nur schwer verkraften kann.

Bei den genannten Beispielen wird der realen Trennung ein längerfristiger Entscheidungsprozess vorausgehen. Das Auseinandergehen wird angedacht, gelegentlich mit dem Partner disku-

tiert und in einer erneuten Bewegung der Wiederannäherung zu-
rückgestellt, bis ein weiterer, unlösbar erscheinender Konflikt den
Trennungsgedanken neu belebt. Irgendwann aber kommt der
Tag, an dem die Trennung endgültig vollzogen wird.

Im günstigsten Fall stimmen beide Partner sowohl verstan-
des- als auch gefühlsmäßig mit der Beendigung der Beziehung
überein. Problematischer ist es, wenn nur einer von beiden Partnern den Trennungsschritt als notwendig erachtet. Für den anderen entsteht dann die kränkende und verletzende Situation,
verlassen zu werden. Die Vergänglichkeit der Beziehung wird
bewusst und macht Trennungs- und Trauerarbeit erforderlich.
Erinnerungen an die positiv miteinander verlebte Zeit treten am
Anfang der Trennungsphase deutlich in den Vordergrund und
erschweren die Ablösung. Es wird nicht nur um den Verlust des
Partners, sondern auch darum getrauert, dass die veränderte Lebenssituation zu einer Ausgrenzung aus einem bisher vertrauten
Umfeld führen wird. Orte, an denen Sie sich als Paar bevorzugt
aufhielten, möchten Sie nicht mehr aufsuchen, weil Sie befürch-
ten, dass sich Erinnerungen an die gemeinsam verbrachte Zeit
dort einstellen werden. Ihre verwandtschaftlichen und freund-
schaftlichen Beziehungen werden sich verändern. Zukunftspläne
zerplatzen wie Seifenblasen und scheinen unwiederbringlich
verloren zu sein.

Die in diesem Kapitel genannten Rituale und Übungen sollen
Ihnen die Verabschiedung erleichtern. Es geht darum, das Auseinandergehen akzeptieren zu lernen und in die Trennung innerlich einzuwilligen. Die Fähigkeit, sich zu verabschieden und sich
von vermeintlichen oder tatsächlichen Annehmlichkeiten der Beziehung zu lösen, muss erst noch entwickelt werden. Sie dürfen
das Vertraute nicht festhalten, sondern müssen sich darum bemühen, es loszulassen. Alle im Folgenden angeführten Rituale
und Übungen werden Sie anleiten, Ihre Aufmerksamkeit auf den

Prozess der Ablösung und der Verabschiedung eines Menschen zu richten, den Sie früher liebten oder vielleicht noch lieben, und sich von Gefühlen und Gedanken zu trennen, welche die Loslösung erschweren.

Wahrnehmungs- und Handlungsaufgaben

1 Nachruf

Schließen Sie für einen kleinen Moment die Augen, um sich vorzustellen, eine Art Nachruf für Ihren Partner zu schreiben. Was fällt Ihnen dazu ein? In welcher Form würden Sie den Nachruf schreiben? Welche konkreten Sätze stünden darin? Welche Empfindungen stellen sich jetzt ein?

Nehmen Sie Ihr Neue-Wege-Tagebuch zur Hand, um Einfälle zu notieren. Sie können nachfolgende Satzanfänge als Hilfestellung benutzen:

Mein Partner war ...
Ich trauere um ihn, weil ...
In unserer gemeinsamen Zeit beschäftigte er sich vorwiegend mit ...
Ich mochte an ihm ganz besonders gerne ...
Ich mochte an ihm überhaupt nicht ...
Ich verabschiede mich von all seinen guten und schlechten Seiten, weil ...
Jetzt gehe ich meinen Lebensweg allein weiter und ...

Welche angenehmen Seiten Ihres Partners fehlen Ihnen? Welche unangenehmen Eigenschaften Ihres Partners tragen Sie ganz besonders gern »zu Grabe«? Welche Formulierung hat Sie bei dieser Übung am meisten überrascht? Welche Antwort war am schwersten zu formulieren?

ZIEL

Dieses Ritual macht Ihnen bewusst, dass die gemeinsame Zeit mit Ihrem Patner mit all Ihren guten und schlechten Seiten vorüber ist.

NÜTZLICHE ANREGUNGEN

> Schreiben Sie die positiven Eigenschaften, die Ihnen noch viel bedeuten, auf kleine Zettelchen. Beschriften Sie jeweils einen Zettel mit einer Eigenschaft. Heften Sie die Zettel an irgendein altes Kleidungsstück, das Sie ausrangieren möchten. Werfen Sie das Kleidungsstück in einen Container. Führen Sie die Wegwerfbewegung so langsam wie möglich aus. Sagen Sie sich dabei selbst laut vor, dass die Vergangenheit mit all ihren positiven und negativen Erfahrungen nun vorbei ist.

> Denken Sie darüber nach, was Sie tun könnten, um die Eigenschaften, die Ihnen fehlen, selbst zu entwickeln. Die Beantwortung dieser Frage ist ganz besonders interessant, wenn es sich um Fähigkeiten oder Verhaltensweisen handelt, die Sie an Ihrem Expartner positiv bewerteten, weil Sie diesbezüglich selbst einen Mangel erleben. Wer sonst noch in Ihrem Leben könnte diesen »leeren Raum« ausfüllen und Ihnen mit ähnlich positiven Qualitäten gegenübertreten?

2 Unterstützung

Dieses Ritual ist ganz besonders gut geeignet, wenn Sie an vergangenen Erlebnissen oder Erfahrungen festhalten und dabei das Gefühl haben, persönlich gefesselt oder eingeengt zu sein. Machen Sie sich also bewusst, welche Gedanken oder Erinnerungen das Abschiednehmen von der bisherigen Partnerschaft erschweren.

Setzen Sie sich bequem hin. Erinnern Sie sich an eine vergangene Situation, in der Sie ein unangenehmes Erlebnis mit Ihrem Expartner hatten. Denken Sie darüber nach, welche Personen Ihnen in der besagten Situation hilfreich hätten zur Seite stehen können oder Sie tatsächlich real unterstützt haben.

Stellen Sie sich vor, dass jede dieser Personen Ihnen jetzt einen unterstützenden Satz sagt, der Ihnen helfen wird, sich von der unangenehmen Erinnerung zu befreien. Schreiben Sie die Sätze, die Ihnen in diesem Zusammenhang eingefallen sind, in Ihr Neue-Wege-Tagebuch.

Welchen der nun geschriebenen Sätze empfinden Sie als besonders tröstlich? Welche Überlegungen helfen Ihnen am meisten?

ZIEL

Sie verbinden sich in der Vorstellung mit positiven Ich-Anteilen und geben sich wirksame Selbstsuggestionen.

NÜTZLICHE ANREGUNG

Sprechen Sie einen dieser Sätze laut vor sich hin. Variieren Sie die Stimmlage. Probieren Sie aus, wie es ist, erst laut, dann leise, erst schnell, dann langsam zu sprechen. Sprechen Sie sich den jeweiligen Satz im Alltag so lange vor, bis Sie mit dem Ergebnis (= Erleichterung der Ablösung) zufrieden sind.

3 Ich-könnte-wenn-Übung

Diese Übung eignet sich in Momenten, in denen Sie glauben, ohne ihn/sie nicht leben zu können. Solche Gedanken können auftreten, wenn Sie sich in einem schwindelerregenden Gefühls- und Gedankenkarussell befinden, weil Sie denken, einer schwierigen Situation ohne den vertrauten Beistand Ihres Expartners nicht gewachsen zu sein.

Suchen Sie einen Ort auf, an dem Sie für ein paar Minuten Ihren Gedankengängen ungestört nachgehen können. Nehmen Sie Ihr Neue-Wege-Tagebuch zur Hand. Schreiben Sie mindestens fünf Punkte auf, die Sie sich allein und ohne die Unterstützung Ihres früheren Partners nicht zutrauen. Verwenden Sie dabei den Satzanfang »Ich kann ... nicht tun, weil ...«.

Sammeln Sie als Nächstes Einfälle zum Satzanfang »Ich könnte ... tun, wenn ...«.

Wählen Sie einen Punkt aus, der Ihnen momentan verwirklichbar erscheint. Überlegen Sie, welche Handlungsmöglichkeiten Sie derzeit haben, um die ungewohnte Situation zu meistern.

Katrin (50 Jahre) geht gern in Auktionshäuser und zu Versteigerungen. Seit der Trennung hatte sie nicht den Mut, ohne die Begleitung ihres früheren Partners dorthin zu gehen. Sie findet viele Gründe, die dafür zu sprechen scheinen, dass sie sich allein dort nicht zurechtfinden kann.

Katrin fühlt sich hilflos, in ihrem Handlungsspielraum eingeschränkt und wünscht sich deshalb den ehemaligen Partner zurück. Letztlich tut sie sich keinen Gefallen, denn der Verzicht auf etwas, das sie früher gerne tat, bindet sie an den Expartner und hält eine selbst gestaltete Begrenzung aufrecht.

ZIEL

Sie denken über Handlungsmöglichkeiten nach und gewinnen dabei geistige Freiheit und Unabhängigkeit.

NÜTZLICHE ANREGUNGEN

> Diskutieren Sie die »Ich-könnte-wenn-Vorstellungen« mit Menschen, die Ihnen nahestehen. Sammeln Sie diesbezüglich Meinungen und Anregungen von anderen.

> Schreiben Sie einen Ihrer Einfälle auf ein Karteikärtchen, das Sie bei sich tragen können. Lesen Sie den Satz in den unterschiedlichsten Alltagssituationen immer wieder einmal durch.

4 Gedankenreise

Die Beschäftigung mit Themen, die sich auf die Umstände der Trennung und die damit verbundenen Konsequenzen beziehen, kann zu Gedankengängen führen, die immer wieder nach dem gleichen Schema ablaufen. Die nachfolgende Abbildung zeigt Ihnen eine Gedankenreise – eine Möglichkeit, mit der Sie sich neue Spielräume eröffnen können.

Beginnen Sie am Startpunkt »Ich bin traurig, weil ...« und ergänzen Sie den vorgegebenen Text mit eigenen Einfällen. Lesen Sie aber vielleicht zuerst das dazugehörige Beispiel, das Sie motivieren kann, Ihre eigene Gedankenreise zu unternehmen. Durchlaufen Sie dabei den vorgegebenen Weg.

Oliver erscheint das Leben ohne seine Ehefrau sinnlos. In einer Situation, in der er sich betrinken möchte, arbeitet er mit der Gedankenreise-Technik und kommt zu folgendem Ergebnis:

Ich bin traurig,	weil ich mich sehr einsam fühle.
Ich verstehe sie nicht,	weil ich immer das Beste für sie wollte.
Ich bin wütend auf sie,	weil sie mich verlassen hat.
Ich fühle mich immer noch von ihr abhängig / angezogen,	weil ich die Erinnerung, wie schön es mit ihr war, nicht aufgeben möchte.
Wenn ich loslassen könnte,	dann wäre ich weniger verletzt.
Wenn ich losgelassen hätte,	dann könnte ich eine andere Frau kennenlernen.
Was mir jetzt schaden würde,	ist, die ganze Flasche Schnaps zu trinken.
Was ich jetzt für mich tun kann,	ist, meinen Freund anzurufen und mit ihm ins Kino zu gehen.

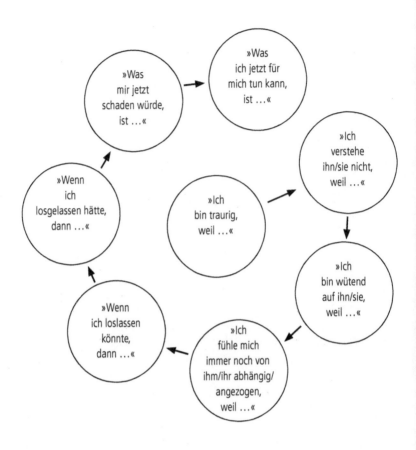

Wie fühlen Sie sich nach Beendigung der Gedankenreise? Was brauchten Sie, um Ihre Gedanken in die Tat umzusetzen?

ZIEL

Sie lernen, Ihre Gedanken in eine befriedigendere Richtung zu lenken.

NÜTZLICHE ANREGUNG

Kopieren Sie sich das vorgegebene Schema der Gedankenreise, damit Sie in belastenden Gefühlsmomenten darauf zurückgreifen können.

5 Bausteinübung

Die Verabschiedung eines Menschen, mit dem man sich einst sehr verbunden gefühlt hat, ist kein leichtes Unterfangen. An manchen Tagen werden Sie sich befreit fühlen, an anderen Tagen wiederum hängen Sie den Erinnerungen an die gemeinsame Beziehungszeit nach. Die folgende Übung möchte Sie dazu anleiten, das Auf und Ab von Ablösungswünschen wahrzunehmen und dabei Ihre Schwankungen zu akzeptieren.

Legen Sie zwei Bausteine unterschiedlicher Farbe vor sich hin. Einer soll für Ihren Partner und der andere für Sie selbst stehen.

Bilden Sie die gefühlsmäßige Distanz, die Sie im gegebenen Moment zu Ihrem Expartner haben, durch den Abstand ab, den die Klötzchen zueinander einnehmen. Schieben Sie diese dabei so lange hin und her, bis der Abstand zu Ihrer augenblicklichen Empfindung passt.

Stellen Sie nun andersfarbige Bausteine auf, die als Symbole für jeweils eine Ihnen zugefügte Verletzung oder Kränkung stehen sollen. Sie können diese mit einem Zettel überkleben, auf dem die verletzende Situation steht, die Sie ganz besonders gekränkt hat. Lassen Sie dabei die Situationen vor Ihrem Inneren Auge nochmals so deutlich wie möglich entstehen.

Erinnern Sie sich auch an Worte, die fielen? An Handlungen, die Sie nicht mochten? An Ihre Gefühle? Sie beleben gerade unangenehme Erinnerungen. Nehmen Sie die Gefühle an, die jetzt in diesem Zusammenhang entstehen, denn Sie erleichtern den Prozess der Ablösung.

Entscheiden Sie nun, ob der Abstand zwischen den beiden Klötzchen, die symbolisch für Sie und Ihren Expartner stehen, noch so bleiben soll wie zu Beginn der Übung oder ob Sie in der Erinnerung an die schlechten Zeiten den Abstand vergrößern möchten.

Die Arbeit mit den Symbolen macht den Prozess der Ablösung visuell erfahrbar. Das Sichtbarmachen des Loslösungsprozesses ermutigt Sie und fördert Ihre Bemühungen, sich unabhängig und frei zu fühlen.

NÜTZLICHE ANREGUNGEN

> Lassen Sie die Klötzchen an einem für Sie gut sichtbaren Platz im Raum stehen. Was müssten Sie denken oder woran müssten Sie sich erinnern, um den Baustein, der symbolisch für Ihr eigenes Ich steht, täglich einen Zentimeter weiter nach vorn zu rücken?

> Stellen Sie ein Bauklötzchen für einen Menschen auf, der Ihnen nahesteht. Überlegen Sie in diesem Zusammenhang, welchen Rat Ihnen diese Person geben würde, damit Sie noch mehr Distanz zur bisherigen Beziehung gewinnen können.

6 Assoziationsübung

Schreiben Sie einen Gedanken, der ausdrückt, dass Sie an der Beziehung festhalten möchten, in die Mitte eines leeren Blattes. Rahmen Sie den gewählten Satz ein. Welche weiteren Gedanken fallen Ihnen im Zusammenhang mit dem genannten Satz ein? Formulieren Sie Ihre Einfälle in Satzform und ordnen Sie sie so an, wie es das folgende Beispiel von Monika, 44 Jahre alt und zehn Jahre verheiratet, zeigt:

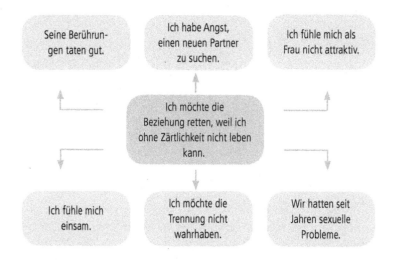

Seine Berührungen taten gut.	Ich habe Angst, einen neuen Partner zu suchen.	Ich fühle mich als Frau nicht attraktiv.

Ich möchte die Beziehung retten, weil ich ohne Zärtlichkeit nicht leben kann.

Ich fühle mich einsam.	Ich möchte die Trennung nicht wahrhaben.	Wir hatten seit Jahren sexuelle Probleme.

Greifen Sie einen der Punkte, den Sie verändern könnten, heraus. Im Beispiel wählte Monika den Satz »Ich fühle mich als Frau nicht attraktiv« aus. Sie entschied sich dazu, ihre Ernährung umzustellen und an einem Gymnastikkurs teilzunehmen. Sechs Monate später fühlte sie sich attraktiv, fit und begehrenswert.

ZIEL

Das Aufschreiben belastender Gedanken führt dazu, dass Sie Ihren »Problemberg« ordnen können. Hierbei wird das Vertrauen gestärkt, mehr Kontrolle zu haben und auf Situationen, die zuvor als unbewältigbar erlebt wurden, Einfluss nehmen zu können.

NÜTZLICHE ANREGUNG

Nutzen Sie diese Technik auch in anderen Lebensbereichen, wenn Sie sich in einer Problemsituation darüber klar werden möchten, welche möglichen Schritte zuerst unternommen werden könnten.

7 Fotoübung

Nehmen Sie ein Foto, das für Sie ein Symbol für die gemeinsam verbrachte positive Beziehungszeit ist, und sehen Sie es fünf Minuten lang ganz genau an.

Welche Gefühle stellen sich ein? Wie geht es Ihnen dabei? Wie leicht wären Sie verführbar, sich wieder mit ihm / ihr einzulassen?

Nehmen Sie ein Blatt Papier zur Hand. Schreiben Sie seine / ihre Stärken als auch seine / ihre Schwächen auf. Finden Sie mehr Schwächen wie Stärken.

Denken Sie jetzt ausschließlich an seine / ihre Schwächen, während Sie das Bild noch einmal ansehen und auf sich wirken lassen. Hat sich irgendetwas verändert?

ZIEL
Sie betrachten Ihren ehemaligen Partner mit ganz neuen Augen, wenn Sie dazu aufgefordert werden, sich an seine Schwächen zu erinnern.

NÜTZLICHE ANREGUNG
Betrachten Sie das Foto so, dass es vor Ihren Augen zu verschwimmen beginnt. Nehmen Sie die dabei auftretenden Gefühle wahr. So wie dieses Foto vor Ihren Augen an Konturen und Schärfe verliert, so wird auch Ihre Geschichte des Auseinandergehens eines Tages zu verblassen beginnen, weil anderes in Ihrem Leben wichtiger geworden ist.

8 Anklageübung

In der ersten Phase des Trennungsschocks kann es passieren, dass Unverzeihliches verziehen wird und Entschuldigungen für die Fehlverhaltensweisen des Partners gesucht werden, um sich vor schmerzlichen Gefühlen zu schützen und diese auszublenden. Prüfen Sie selbst, welche Entschuldigungen Sie für sein / ihr Verhalten parat haben. Dahinter verbirgt sich oft der bewusste oder unbewusste Wunsch, die alten Zeiten zurückholen zu wollen.

Die nachfolgenden Übungen A und B eignen sich besonders gut für Sie, wenn Ihre Selbstanalyse »Welcher Trennungstyp sind Sie?« ergab, dass Sie in erster Linie die Beschuldigungs- oder die Opferhaltung eingenommen haben.

Übung A

Sammeln Sie Einfälle zu folgendem Satzanfang: Er / sie konnte ja nicht anders, weil ...

Entscheiden oder behindern die von Ihnen eingesetzten Entschuldigungen die Loslösung? Wie fühlen Sie sich dabei, wenn Sie das Verhalten Ihres Partners entschuldigen?

Ergänzen Sie nun den folgenden Satz: Er / sie hätte sich anders verhalten können, wenn ...

Suchen Sie nach Möglichkeit unterschiedliche Verhaltensweisen, die Ihr Partner hätte einsetzen können, wenn er darum bemüht gewesen wäre.

Welche Gefühle stellen sich ein? Vergegenwärtigen Sie sich noch einmal, dass Ihr Partner unabhängig von seinen potenziellen Möglichkeiten in wichtigen Momenten versagt hat und Verhaltensweisen gezeigt hat, die zur jetzigen Trennung führten.

ZIEL

Sie werden dazu angeleitet, die Realität der Beziehung zu bejahen. Unabhängig von dem, was hätte sein können oder sollen, sind Sie nun damit konfrontiert, die Situation ohne weitere Beschönigungen anzunehmen.

NÜTZLICHE ANREGUNGEN

> Streichen Sie jeden entschuldigenden Satz in Gedanken durch. Sie können sich in der Vorstellung einen Rotstift erschaffen, den Sie immer dann einsetzen können, wenn Sie sich in Gedanken verstricken, die Sie gerne sein lassen würden.

> Denken Sie in Situationen, die Sie gerne beschönigen würden, an die Worte, die Ihre beste Freundin oder Ihr bester Freund sagen würde, wenn sie/er die Beziehung zu Ihrem Expartner aus einer neutraleren Sicht beurteilen sollte.

Übung B

Machen Sie sich bei dieser Übung bewusst, in welchen Punkten Sie Ihrem Partner die Verantwortlichkeit für die Trennung geben. Schreiben Sie den nachfolgend genannten Satz in Ihr Neue-Wege-Tagebuch. Finden Sie für alle drei Varianten mindestens fünf Punkte, die Sie von Ihrem Partner erwartet hätten und die sich nicht erfüllt haben.

Unsere Beziehung wäre gut gegangen, wenn du nicht ... gesagt hättest.
Unsere Beziehung wäre gut gegangen, wenn du nicht ... getan hättest.
Unsere Beziehung wäre gut gegangen, wenn du nicht ... über mich gedacht hättest.

Sie benennen Verhaltensweisen Ihres Partners,
die Ihnen das Zusammenleben erschwert haben.
Die Gefühle, die dabei auftreten, helfen Ihnen, die
innere Trennung bewusst zu vollziehen.

NÜTZLICHE ANREGUNGEN

> Holen Sie Ihre Aufzeichnungen immer dann hervor, wenn Sie
  entweder die gemeinsam verbrachte Zeit idealisieren oder sich
  selbst die Alleinschuld für das Misslingen der Beziehung geben.
> Sagen Sie sich bei nochmaligem Durchlesen der Negativpunkte vor,
  dass er/sie so spricht, denkt und handelt und sich in absehbarer
  Zeit auch nicht ändern wird.

9 Bekenn-die-Wahrheit-Übung

Der Schmerz, den Sie empfinden, wenn Sie sich ungewollt ablö-
sen müssen oder sollen, wird durch die Rückschau auf das jeweils
Verbindende und Positive der gemeinsamen Zeit lebendig gehalten. Dabei werden die Erinnerungen an Unannehmlichkeiten
und Streitsituationen ausgeblendet. Folgende Übung wird Sie anregen, über belastende Beziehungsmomente nachzudenken.

Stellen Sie sich vor, wieder mit Ihrem Partner zusammenzuge-
hen. Welche zukünftigen Streitsituationen würden sich mit großer
Wahrscheinlichkeit ergeben? Malen Sie sich so konkret wie möglich eine Streitsituation aus. In welcher Situation, an welchem Ort
und wodurch ausgelöst würde der Streit beginnen? Welche Worte
würden Sie sagen und welche Worte würde Ihr Partner wählen?
Welche Verhaltensweisen Ihres Partners empfänden Sie dabei
ganz besonders verletzend und wie würden Sie darauf reagieren?

Schätzen Sie nun auf einer Skala von o bis 100 Prozent ein, wie wahrscheinlich diese oder eine vergleichbare Situation bei einem erneuten Beziehungsversuch eintreten würde.

ZIEL

Die Akzeptanz der jeweiligen Beziehungs-
wahrheit und -wirklichkeit erleichtert das Auseinandergehen.

NÜTZLICHE ANREGUNG

Führen Sie einen Realitätstest durch. Erzählen Sie die von Ihnen erfundene Situation jemandem, der Ihre Beziehungsprobleme kennt, so als ob sie tatsächlich passiert sei. Fragen Sie Ihren Gesprächspartner ein wenig aus: Ist er erstaunt über Ihre Schilderung? Kann sich der Betreffende vorstellen, dass die Geschichte zu Ihrer Beziehung passt? Wenn ja, so bestätigt die andere Meinung Ihre persönliche Einschätzung der Beziehungswirklichkeit.

10 Verabschiedung

Wir alle bewegen uns auf einem Weg, den wir nicht zurückgehen können und der uns in eine noch unbekannte Zukunft führen wird.

Legen Sie eine kleine Pause ein und folgen Sie der nachfolgenden Anleitung, um sich von der bisherigen Beziehung auf die vorgeschlagene Art und Weise zu verabschieden. Machen Sie sich Notizen, um die einzelnen Punkte zu beantworten.

Unterteilen Sie eine Seite in Ihrem Neue-Wege-Tagebuch in zwei Spalten, welche jeweils mit einem Pluszeichen für die positiven Erinnerungen und einem Minuszeichen für die negativen Erinnerungen gekennzeichnet sind.

Aussehen: Stellen Sie sich mit geschlossenen Augen Ihren Expartner vor. Welche Worte finden Sie, um sein Aussehen zu beschreiben? Was mochten Sie an seinem Aussehen ganz besonders gern und was gefiel Ihnen überhaupt nicht?

Outfit: Vergegenwärtigen Sie sich den Kleidungsstil Ihres Partners. Wie zieht er sich im Alltag und an Festtagen an? Welches sind seine Lieblingsfarben? Welche Farbe steht ihm / ihr ganz besonders gut? Gibt es irgendetwas an seinem/ihrem Outfit, das Sie ganz besonders angesprochen oder abgestoßen hat?

Geruch: Erinnern Sie sich an seinen / ihren Geruch? Mit welchen Worten würden Sie seinen / ihren Geruch beschreiben? Wie lange mochten Sie diesen Geruch? Zu welchem Zeitpunkt konnten Sie ihn / sie »nicht mehr riechen«?

Haltung / Nun betrachten Sie vor Ihrem geistigen Auge seine /
Ausdruck: ihre Körperhaltung. Was fällt Ihnen auf? Beurteilen Sie in diesem Zusammenhang auch seinen / ihren Gesichtsausdruck und das Mienenspiel. In welchen Situationen mochten Sie das Mienenspiel des Partners und in welchen Situationen empfanden Sie seinen Gesichtsausdruck als unangenehm?

Wortwahl: Wie gefiel Ihnen seine/ihre Wortwahl und die Art, wie er / sie seine/ihre Sprache in den unterschiedlichsten Situationen einsetzte? Vergegenwärtigen Sie sich eine konkrete Situation. Was mochten Sie an seiner / ihrer Ausdrucksweise? Was gefiel Ihnen überhaupt nicht?

Stimme: Welche Erinnerung haben Sie an die Stimme Ihres Partners? Würden Sie seine / ihre Stimme heute noch anziehend finden? Wie war die Stimme Ihres Partners, wenn er wütend war? Wie war seine /ihre Stimme, wenn er / sie Ihnen Komplimente machte? Wie empfanden Sie seine /ihre Stimme, wenn er / sie etwas Geringschätziges zu Ihnen sagte?

Orte: Erinnern Sie sich an Orte, die Sie zusammen gerne aufsuchten. Stellen Sie sich diese Orte so konkret wie möglich vor, so als ob Sie sich dort befänden. Welche Erinnerungen stellen sich ein? Was denken beziehungsweise fühlen Sie?

Denken Sie jetzt an Orte, an denen das Zusammentreffen äußerst belastend war. Tragen Sie in die Minusspalte einige Konflikte ein, die dort aufgetreten sind.

Liebe: Schließen Sie die Augen. Erinnern Sie sich an die gute Zeit der Beziehung zurück, als Ihnen die Liebkosungen Ihres Partners vertraut und angenehm waren. Erinnern Sie sich an die schlechte Zeit Ihrer Beziehung, als die Berührungen, zum Beispiel vor oder während des sexuellen Aktes, sich irgendwie anders anfühlten oder Sie dabei etwas ganz anderes als zu Beginn der Beziehung empfunden haben.

Gewohn-heiten: Von welchen bisher vertraut gewordenen gemeinsamen Gewohnheiten müssen Sie sich jetzt verabschieden? Ist es das gemeinsame Frühstück auf dem Balkon oder der Sonntagsspaziergang, der Ihnen jetzt fehlt? Oder sind es Dinge, an denen Sie sich in der gemeinsamen Wohnung erfreuten und von denen Sie sich schwer trennen können? Gibt es auch Gewohnheiten, von denen Sie sich gerne trennen? Sind da Angewohnheiten Ihres Partners, die Sie nervten oder emotional belasteten?

Pläne: Von welchen Zukunftsplänen und Zukunftshoffnungen gilt es sich loszulösen? Gab es zum Beispiel den Wunsch, gemeinsam alt zu werden oder auf ein Haus zu sparen? Bei welchen Zukunftsplänen hatten Sie konträre Meinungen und konnten nie oder nur selten zu einer Übereinstimmung kommen?

Benutzen Sie die Auflistung der positiven und negativen Punkte wie einen Spiegel, der Ihnen ganz realistisch aufzeigt, was Sie an Ihrem Expartner mochten beziehungsweise nicht mochten. Das Positive, das Sie verloren haben, wird Gefühle des Schmerzes und der Trauer auslösen. Das Negative, mit dem Sie sich jetzt nicht mehr auseinandersetzen müssen, entfällt. Gefühle der Erleichterung aufgrund der wiedergewonnenen Freiheit können sich einstellen.

Greifen Sie jetzt einen Punkt heraus, der Sie ganz besonders interessiert. Es kann sich um ein Thema handeln, das entweder der Plus- oder der Minusspalte entnommen wird. Nehmen Sie sich zehn Minuten Zeit, um sich der Gefühle, die sich zu dem genannten Thema einzustellen beginnen, bewusst zu werden.

Nach der Beendigung der »Fühlphase« sollten Sie sich bewegen und strecken, bevor Sie zu Ihren Alltagstätigkeiten zurückkehren. Treffen Sie dabei ganz bewusst die Entscheidung, sich dem Hier und Jetzt und den anstehenden Dingen des Alltags wieder zuzuwenden.

ZIEL
Sie verabschieden sich ganz bewusst von den positiven und negativen Erinnerungen und lassen dabei auftretende Gefühle in einem zeitlich begrenzten Rahmen zu.

Wandeln Sie die Übung ab. Schreiben Sie die Eigenschaft, den Gedanken oder die Situation, von denen Sie sich verabschieden möchten, auf einen Zettel, den Sie auf den Boden legen. In einigem Abstand davon entfernt legen Sie einen anderen Zettel hin, auf dem folgender Wortlaut steht: »Ich kann mich jeden Augenblick von der Erinnerung an … verabschieden.« Stellen Sie sich auf den ersten Zettel, um sich die ursprüngliche Situation nochmals zu vergegenwärtigen. Hüpfen Sie dann mit einem großen Sprung auf den zweiten Zettel. Sprechen Sie den dort geschriebenen Satz mehrmals laut aus.

11 Sehnsucht

Sie lebten mit Ihrem Partner in einer intimen Beziehung zusammen. Er berührte Körperstellen, zu denen ein anderer keinen Zugang hatte. Welche Körperstellen hat Ihr Partner besonders gern bei Ihnen berührt? Wie waren seine Berührungen? Weich und sanft, eher fordernd und zupackend, wärmend, liebevoll oder schnell und nur kurz auf einzelnen Hautpartien verweilend?

Welche Körperstellen sehnen sich nach Kontakt und Berührung? Legen Sie Ihre Hand auf die entsprechenden Körperstellen. Machen Sie sich dabei bewusst, dass Sie sich jetzt von seinen / ihren Berührungen verabschieden möchten. Verweilen Sie mit Ihrer Hand so lange wie möglich auf der jeweiligen Körperstelle, um Ihre Körperwärme zu erspüren. Sie werden dabei bemerken, dass sich Ihre eigenen Hände dort gut anfühlen.

Suchen Sie jetzt nach einer Stelle, die von ihm / ihr nicht oder kaum berührt wurde. Dies ist ein Körperbereich, der noch relativ frei von Erinnerungen ist. Lassen Sie Ihre Hand – sofern möglich – dort ruhen. Spüren Sie die Wärme, die von Ihrer Hand in die jeweilige Körperpartie ausstrahlt? Verweilen Sie dort, so lange Sie möchten.

Wiederholen Sie die Übung immer dann, wenn Sie sich nach Berührungen und Zärtlichkeiten sehnen.

ZIEL
Sie richten Ihre Bemühung darauf aus, einen erlebten Mangel auszugleichen.

NÜTZLICHE ANREGUNG
Stellen Sie sich in Alltagsmomenten, in denen Ihnen der Berührungs-mangel schmerzlich bewusst wird, vor, dass Sie in Ihren Handflächen eine kleine, warme Sonne aktivieren können, deren Strahlen die jeweilige Körperstelle liebevoll und tröstend durchfluten. Lassen Sie Ihre Hand dabei ruhig länger ruhen, um die dabei entstehende Wärme zu spüren.

12 Fingerspiel

Die folgenden zwei Übungen bringen Sie in einen entspannten Zustand, der mit einer kleinen Trance zu vergleichen ist. Mit der Übung A bekräftigen Sie die Absicht, sich zu lösen, während Übung B den Eindruck verstärkt, gefangen und unfrei zu sein.

Übung A

Bewegen Sie mit offenen oder mit geschlossenen Augen die Zeigefinger aufeinander zu. Achten Sie auf das Gefühl, das dabei entsteht, während sich die beiden Finger langsam einander annähern.

Sprechen Sie in dem Augenblick, in dem sich die Fingerkuppen berühren, den Satz »Ich bin frei« mehrmals laut oder leise vor sich hin, während die Finger nach wie vor miteinander in Berührung bleiben.

Beenden Sie die Übung. Zählen Sie langsam von eins bis fünf, um ins Wachbewusstsein zurückzukehren.

Übung B

Stellen Sie sich beim nächsten Durchgang vor, dass beide Ringfinger mit einer sehr pappigen Klebemasse bestrichen worden sind.

Während Sie die Ringfinger langsam aufeinander zubewegen, um sie in Kontakt miteinander zu bringen, stellen Sie sich vor, dass diese bei der Berührung fest zusammenkleben werden. Sagen Sie sich dabei den Satz »Ich bin gebunden« laut oder leise vor.

Zählen Sie wieder langsam von eins bis fünf, um die Übung zu beenden.

Welche Gefühle lösen Übung A und B bei Ihnen aus? Schreiben Sie Ihre Gedanken in Ihr Neue-Wege-Tagebuch.

Führen Sie anschließend nochmals Übung A durch, um die positive Absicht zu bekräftigen.

ZIEL

Bei Übung A und B sollen Sie ganz bewusst zwischen einem angenehmen und einem unangenehmen Zustand hin- und hergehen. Die Konfrontation mit dem als unangenehm erlebten Zustand kann bewirken, dass Sie die »klebende« Verbindung besonders leidvoll empfinden und der Wunsch, sich zu befreien, noch mehr Kraft gewinnt.

Entscheiden Sie sich nach einigen Durchgängen dazu, nur noch Übung A durchzuführen. Der Satz »Ich bin frei« wird irgendwann eine Realität sein, die fühl- und lebbar ist.

13 Wunderfrage

Unter welchen Bedingungen könnten Sie loslassen? Das Wunderfrage-Ritual kann Ihnen hier aufschlussreiche Impulse geben.

Stellen Sie sich vor, es wäre gerade Nacht und Sie schliefen. Während Sie schlafen, geschieht ein Wunder. Sie werden von unsichtbarer Hand mit einem Zauberstab berührt, der Sie befreit. Die Berührung führt dazu, dass Sie sich viel leichter als bisher von vertrauten und lieb gewordenen Gewohnheiten lösen können und dazu bereit sind, Ihren Partner und all das, was dazugehört, gehen zu lassen.

Da Sie geschlafen haben, wissen Sie nicht, dass sich dieses Wunder ereignet hat. Was wird Ihrer Meinung nach am nächsten Morgen das erste kleine Anzeichen dafür sein, dass Sie sich gelöst haben und sich etwas in Bezug auf Ihre Beziehung zum Expartner verändert hat? Was genau wäre anders? Welche Verhaltensweise würden Sie unterlassen beziehungsweise vermehrt einsetzen?

Sammeln Sie hierzu Einfälle, die Sie in Ihrem Neue-Wege-Tagebuch eintragen können.

ZIEL
Die Übung führt dazu, dass Sie Optimismus entwickeln und Zugang zu ungewöhnlichen Lösungen finden.

> Stellen Sie sich immer wieder die Wunderfrage, wenn der Wunsch, festzuhalten, verstärkt auftritt.

> Sie können – falls Sie Kinder haben – diesen von der Wunderfrage erzählen und gemeinsam Ideen sammeln, wie schwierige Familiensituationen besser zu bewältigen wären.

Vorstellungsübungen

Ich schließe meine Augen, um zu sehen.
Paul Gauguin

14 Loslösungsberater

Erschaffen Sie sich in Ihrer Fantasie eine Beraterperson, die all die Eigenschaften verkörpert, welche eine Person hat, die unabhängig und frei ist. Diese kann aus einer kritischen Distanz die Situation beobachten, in die Sie sich leidvoll verstrickt fühlen.

Stellen Sie sich diese Gestalt so bildhaft wie möglich vor. Welches Geschlecht hat die Person? Welche Kleidung trägt sie? Stellen Sie sich eine dazu passende Stimme vor. Spricht Ihr Loslösungsberater hoch oder tief, laut oder leise, sachlich oder emotional bewegt?

Stellen Sie sich jetzt vor, dass die Beraterperson seitlich neben oder hinter Ihnen steht. Vergegenwärtigen Sie sich eine belastende Beziehungssituation. Was würde der Berater Ihnen in dieser konkreten Situation mit welchem Wortlaut und in welcher

Stimmlage sagen? Zu welcher Art von Handlung würde er auffordern? Welchen nächsten kleinen Schritt könnten Sie einleiten, um sich in der gegebenen Situation freier und unabhängiger zu fühlen? Sprechen Sie die hilfreichen Sätze laut vor sich hin.

ZIEL

Sie distanzieren sich in der Vorstellung kurzfristig von einer belastend erlebten Alltagssituation und verbünden sich mit der Qualität des Inneren Beobachters (vgl. Kapitel »Die Gewinnhaltung: Aktivieren Sie Ihren Inneren Beobachter«).

NÜTZLICHE ANREGUNGEN

> Stellen Sie sich tagsüber öfter einmal vor, eine Sie beratende Person stünde Ihnen hilfreich zur Seite und könnte Ihnen auf ungelöste Fragen Antwort geben.

> Wenden Sie die Technik vor allem in den Situationen an, in denen Sie an sich und Ihrer Bewältigungskompetenz zu zweifeln beginnen.

15 Tierübung

Unabhängig davon, ob Sie in manchen Phasen der Loslösung Ihr Möglichstes tun würden, um die alte Beziehung wieder aufleben zu lassen, werden Sie sicherlich in Ihren inneren Bildern darin bestätigt werden, dass die Verabschiedung richtig und sinnvoll war. Probieren Sie dazu folgende Übung aus.

Schließen Sie die Augen. Stellen Sie sich Ihren Expartner als Tier vor. Welches Tier ist er / sie? In welcher Landschaft lebt er / sie? Was tut er / sie gerade als Tier?

Welches Tier sind Sie? Wo und in welcher Umgebung halten Sie sich gerade auf? Welche Landschaft passt zu Ihnen? Sind Sie allein oder befinden sich andere Tiere in Ihrer Nähe?

Welche Gemeinsamkeiten und welche Unterschiede gibt es zwischen Ihnen beiden als Tiere? Was könnten die beiden Tiere miteinander anfangen, wenn Sie sich begegneten? Wer könnte wen fressen oder aus dem Revier vertreiben? Lassen Sie Ihre Einfälle auf sich wirken. Schreiben Sie einige Zeilen darüber in Ihr Neue-Wege-Tagebuch.

ZIEL

Die Übung regt Ihre Fantasie an und konfrontiert Sie auf der Vorstellungsebene in symbolisch verschlüsselter Form mit Empfindungen, die Sie bezüglich der ehemaligen Beziehung haben.

NÜTZLICHE ANREGUNG

Malen Sie das Tier, das symbolisch für Ihr eigenes Ich steht, auf ein Stück Papier. Überlegen Sie, wie Sie es nähren möchten und in welcher Landschaft es leben sollte, um keinen Schaden zu nehmen oder um seine Wunden zu heilen. Vielleicht möchte sich Ihr Tier momentan auch einfach nur in einer Höhle verstecken, fernab aller Verpflichtungen, um auszuruhen. Gewähren Sie Ihrem Tier diesen Raum. Überlegen Sie auch, wie Sie es füttern könnten, damit es wieder zu Kräften kommt.

16 Lichtbrücke

Schließen Sie die Augen. Machen Sie es sich ganz bequem. Atmen Sie ruhig und gleichmäßig ein und aus. Erinnern Sie sich an mindestens drei Situationen, die Sie während der Beziehungszeit zu Ihrem Partner ganz besonders belastend erlebt haben.

Stellen Sie sich jetzt irgendein Haus vor, in dem es einen Raum gibt, in dem all die Erinnerungen an die verletzenden und kränkenden Erfahrungen für Sie zugänglich aufbewahrt worden sind. Welche Atmosphäre herrscht in diesem Raum? Wie ist er eingerichtet? Wonach riecht es? Wie würden Sie sich fühlen, wenn Sie sich länger als beabsichtigt in diesem Raum aufhielten?

Stellen Sie sich jetzt vor, Sie könnten die belastenden Situationen auf einem Poster oder Foto abbilden. Malen Sie sich jedes Poster so konkret wie nur möglich aus. Wie stellen Sie die Konfliktsituation farblich dar? Welche Bilder oder Symbole verwenden Sie für Ihre Darstellung? Welche Einzelheiten sollen hervortreten? Wie bilden Sie sich selbst auf dem jeweiligen Poster ab (Körperhaltung, Gesichtsausdruck)?

Versehen Sie das jeweilige Poster oder Foto mit einem Titel. Stellen Sie sich vor, die Poster zu vergrößern und in dem einleitend erwähnten Raum aufzuhängen. Wie würden Sie sich jetzt in diesem Raum fühlen? Was fällt Ihnen noch ein, wenn Sie an die jeweilige Titelunterschrift denken?

Treffen Sie jetzt die Entscheidung, den Raum zu verlassen. Treten Sie vor die Tür des Hauses, das Sie sich eingangs vorgestellt haben.

Stellen Sie sich jetzt einen magischen Garten vor, in dem außergewöhnliche Dinge passieren können. Dort gibt es einen Lichtstrahl, der sich langsam verbreitert und vergrößert. Er wird zu einer Brücke, auf die Sie sich begeben können, um das Unangenehme hinter sich zu lassen. Sie können sich auf dieser Brücke, die aus Lichtelementen gestaltet ist, ganz leicht und schwerelos bewegen.

Beenden Sie die Übung mit der Vorstellung, warmes, goldfarbenes Licht einzuatmen und dabei vollkommen zu entspannen. Bewegen Sie Ihren Körper, öffnen Sie die Augen und kehren Sie langsam in die Ihnen vertraute Umgebung zurück.

Janas Mann sprach nach Auseinandersetzungen oft tagelang kein Wort zu ihr. Sie stellt sich diese Situation folgendermaßen vor: Sie sieht sich vor ihm knien und um Verzeihung bitten, während er ihr Vorwürfe macht. Dem Bild gibt sie den Titel »Die Verzweifelte und der Unerbittliche«.

ZIEL

Die Auseinandersetzung mit kränkenden Beziehungssituationen auf der Symbolebene eröffnet die Möglichkeit, die belastende Situation noch einmal zu durchleben und dann zu verabschieden.

NÜTZLICHE ANREGUNG

Es kann im Alltag in all den Situationen, in denen Sie schmerzlichen Erinnerungen nachhängen, sehr nützlich sein, sich den Weg über eine magische Lichtbrücke vorzustellen. Sie distanzieren sich dadurch von emotional belastenden Themen.

17 Zauberkreis

Entspannen Sie sich. Zählen Sie dabei Ihre Atemzüge (eins = ein-atmen, zwei = ausatmen, drei = einatmen usw.). Sie verbinden so jedes Ein- und Ausatmen mit einer Zahl. Beginnen Sie bei eins und enden Sie bei zehn. Zählen Sie so weiter, bis Sie sich in einem vertieften Entspannungszustand befinden.

Stellen Sie sich vor, Sie hätten einen Zauberstab und könnten Ihren Partner wie in einem Märchen in einen magischen Kreis hineinzuzaubern, in den er gebannt ist und wo er weder sprechen noch handeln kann. Welche Kleidung trägt er? Wie wirkt er auf Sie? Was fühlen Sie, während Sie ihn ansehen? Wie groß ist Ihr Bedürfnis, den Bann zu lösen und ihn zu befreien?

Stellen Sie sich jetzt vor, eine Kraft oder ein Wesen, das es gut mit Ihnen meint, veranlasst Sie, in eine andere Richtung weiter-zugehen.

Sie finden sich in einer schönen Landschaft ein. Dort benut-zen Sie noch einmal den Zauberstab, um einen Kreis, der ganz besondere Heilkräfte hat, entstehen zu lassen. Stellen Sie sich dort hinein. In welcher Landschaft befindet sich Ihr Heilkreis? Welche Farben, die einen beruhigenden Einfluss auf Sie ausüben, möchten Sie sich innerhalb des Kreises vorstellen?

Bitten Sie um eine Botschaft, die Ihnen die Ablösung und das Loslassen zukünftig erleichtern wird. Nehmen Sie den ersten Ein-fall an, der kommt. Notieren Sie Ihre Erfahrungen in Ihrem Neue-Wege-Tagebuch.

Ihre persönliche Botschaft: ...

ZIEL

Der Zauberstab ist ein Werkzeug, der Sie mit der magischen Welt der Kindheit verbindet. Die Vorstellung eines Zauberstabs aktiviert Ihr kreatives Potenzial. Die »magische« Distanzierung vom Partner führt dazu, dass der gewohnte Denkrahmen verlassen wird und sich in der Entspannung spontane Einfälle (= Botschaften) einzustellen beginnen.

NÜTZLICHE ANREGUNG

Benutzen Sie in all den Situationen, in denen Sie gegen bessere Einsicht den Wunsch verspüren, wieder zu Ihrem Partner zurückzukehren, Ihren Zauberstab. Sagen Sie sich dabei: »Ich befreie mich« oder »Ich setze meine Zauberkraft für den Aufbau eines neuen Lebensweges ein«.

18 Ausspracheübung

Diese Übung ist gut für Sie geeignet, wenn Sie sich noch nicht ausreichend mitgeteilt oder ausgesprochen haben, weil Ihr Expartner wenig oder kaum Gelegenheit anbietet, um über noch zu klärende Fragen zu diskutieren.

Stellen Sie sich vor, zum jetzigen Aufenthaltsort Ihres Partners zu gehen. Auf dem Wege dorthin beschließen Sie, alle bisher zurückgehaltenen Vorwürfe loszuwerden. Welche Ängste könnten Sie daran hindern? Welche Gedanken tauchen in diesem Zusammenhang auf? Welche Körperhaltung nehmen Sie bei dieser Vorstellung ein? Wie atmen Sie?

Läuten Sie bei ihm/ihr an der Tür. Sie haben die feste Absicht, all das auszusprechen, was schon längst hätte gesagt werden müssen. Stellen Sie sich vor, Ihr Partner antworte nicht, sondern höre

einfach nur zu. Lassen Sie sich ausreichend Zeit, um all Ihre un-
erledigten Punkte vorzubringen.

Was fühlen Sie bei der Vorstellung, sich aussprechen zu dürfen, ohne unterbrochen zu werden? Was fällt Ihnen in diesem
Zusammenhang noch alles an zusätzlichen Themen ein?

Verabschieden Sie sich, um den Rückweg anzutreten. Sie sind
jetzt frei von bisherigem Ballast und können eine versöhnlichere
Haltung einnehmen.

ZIEL

Unausgesprochene Vorwürfe belasten und
fordern Energie, die weitaus nützlicher im Dienste
einer konkreten Zukunftsplanung eingesetzt werden
könnte.

NÜTZLICHE ANREGUNG

Schreiben Sie einen Brief, der Ihre Anklagen und Vorwürfe enthält. Lesen
Sie sich den Brief laut vor. Gehen Sie dabei in Ihrem Zimmer auf und ab.
Die Bewegung wird Ihnen helfen, das Unerledigte endgültig abzu-
schließen.

Rituale zur Heilung des verwundeten Herzens

Bei einer Beziehung, die zu einer dauerhaften Verbindung führt, spielen normalerweise zärtliche, liebevolle Gefühle eine Rolle. Im Laufe unseres Lebens begegnen uns viele Menschen, doch nur wenige werden uns so nahestehen, dass wir uns offen und vertrauensvoll einlassen und einen Zustand der Liebe und des Glücks empfinden. Das Herz wird berührt und die damit verknüpften Qualitäten des Sich-Öffnens, Gebens und Empfangens sind ohne willentliche Anstrengung spontan vorhanden und lebbar.

Wie eine Knospe sich langsam Blatt für Blatt entfaltet, haben Sie sich in der bisherigen Liebesbeziehung wahrscheinlich geöffnet und auf Selbstschutzstrategien, die Sie gegenüber anderen Menschen fast automatisch einsetzen, immer mehr verzichtet. Konflikte, die letztlich zu einem Auseinandergehen beitrugen, haben dazu geführt, dass die einstmalige Offenheit nicht mehr vorhanden und Ihr Bemühen darauf ausgerichtet ist, noch bestehende und auf den Partner gerichtete Gefühle und Nähewünsche abzulegen. Sie haben es leichter, wenn Sie sich schon vor der Trennung gefühlsmäßig von Ihrem Partner distanziert haben. Schwieriger ist es, wenn die Gefühle der Liebe und Zuneigung auch während des Trennungsprozesses oder nach dem endgültigen Auseinandergehen noch schmerzlich spür- und fühlbar sind.

Aber in beiden Fällen führt die Trennung zu einer einschneidenden Wendung mit emotional belastenden Konsequenzen. Auch wenn die früher für den Partner gehegten Gefühle schon längst nicht mehr da sind, kann das Gefühl, versagt zu haben, auch nach einer Trennung lange weiterwirken: Sie haben vielleicht anstehende Probleme nicht im richtigen Moment besprochen oder gelöst oder die Bedürfnisse der Kinder als wichtiger gegenüber den Bedürfnissen des Partners gewertet. Hinzu kommen die erlebten Kränkungen, die daraus resultieren, dass sich Ihr Partner Ihnen gegenüber in einer negativen Weise verhält, die Sie ihm vorher nie zugetraut hätten.

Der Wunsch, auseinanderzugehen, setzt bisher gültige Regeln außer Kraft. Worte, die kränken, werden geäußert. Verletzende Handlungen werden von ihm/ihr in egoistischer Absicht ausgeführt. Die bisherige Beziehung wird entwertet und somit wird auch die gemeinsame Zeit abgewertet. Das Kind in Ihnen, das vertrauensvoll an das Wunder der Liebe glaubte, wird fortwährend verletzt. Bildlich gesprochen wirken sich die Auseinandersetzungen so aus, als ob jemand giftige Pfeile auf Sie abschießt. Es liegt nun an Ihnen, diese behutsam und vorsichtig herauszuziehen und sich um die Heilung der entstandenen Wunden zu bemühen.

In diesem Kapitel werden Rituale vorgestellt, die eingesetzt werden können, um den Trauerprozess abzuschließen. Die bewusste Auseinandersetzung mit den erlebten Verletzungen ist eine Form von vorbeugender Medizin. Wenn Sie daran arbeiten, alten Schmerz loszulassen, können Sie sich zukünftig wieder vertrauensvoll öffnen und auf etwas Neues einlassen.

Stellen Sie sich vor, einen Blumenstock, dessen Knospen noch nicht aufgeblüht sind, einzukaufen. Irgendwann werden sich die Knospen öffnen und zu blühen beginnen. Ähnlich ist es mit den hier genannten Ritualen. Sie setzen sie in Ihrem Alltag bewusst ein, um alten Kummer, der Sie belastet, abzulegen.

Schließen Sie kurz die Augen, um sich nun die voll erblühte Pflanze vorzustellen. Sagen Sie sich dabei einen beruhigenden und tröstlichen Satz, der darauf hinweist, dass Sie dazu bereit sind, Ihr verwundetes Herz heilen zu lassen.

Wahrnehmungs- und Handlungsaufgaben

In einer dunklen Zeit beginnt das Auge zu sehen.
Theodore Roethke

19 Samtübung

In Momenten, in denen Sie sich traurig fühlen, verschafft Ihnen dieses Ritual Erleichterung. Sorgen Sie dafür, dass Sie bei der Durchführung der Übung ungestört sind. Machen Sie die Vorhänge zu. Hüllen Sie sich in eine warme, dunkle Decke oder in einen schwarzen Samtstoff ein. Vielleicht möchten Sie auch eine Augenbinde anlegen, damit Sie sich ohne störende Lichteinflüsse ganz auf sich selbst konzentrieren können.

Stellen Sie sich vor, in schwarzem Samt eingehüllt zu sein. Nehmen Sie das Weiche und Behagliche des schwarzen Samtstoffes wahr. Stellen Sie sich bei jedem Atemzug vor, dass der schwarze Umhang Ihnen Schutz und Geborgenheit spendet. Sie dürfen in diesem geschützten Raum vor sich hin sprechen, jammern, schluchzen und weinen.

Beginnen Sie sich sacht hin- und herzuwiegen, so als ob Sie jemand leicht schaukeln würde. Finden Sie dabei einen Ton, der Ihre Trauer am besten widerspiegelt. Summen Sie diesen Ton mehrmals vor sich hin. Sie können gern verschiedene Töne ausprobieren, bis Sie den richtigen Ton beziehungsweise die richtige Tonfolge gefunden haben. Sie werden spüren, welcher Ton zu Ihrer momentanen Gefühlsstimmung besonders gut passt.

Beenden Sie das Ritual, wenn Sie den Eindruck haben, Ihrer Trauer genügend Raum zur Entfaltung gewährt zu haben.

Von klein auf haben viele Menschen gelernt, Kontrolle über ihre Gefühle auszuüben. Wenn Gefühle der Bedrückung und der Trauer langfristig unterdrückt oder eingedämmt werden, steigert sich die psychische und physische Anspannung. Die Übung ermutigt Sie, Ihrem Gefühlsfluss freien Lauf zu lassen und Tränen zuzulassen.

NÜTZLICHE ANREGUNG

Sollte Ihnen das Weinen schwerfallen, so hilft es vielleicht, sich zu Beginn der Übung an einen traurigen Film oder eine andere traurige Geschichte zu erinnern. Tun Sie dabei einfach so, als ob Sie weinen könnten. Sie können auch in der Vorstellung den Strom der ungeweinten Tränen fließen lassen.

20 Gestaltungsübung

> *Malen ist lediglich eine Form, Tagebuch zu führen.*
> Pablo Picasso

Setzen oder legen Sie sich bequem hin. Legen Sie eine Hand in der Herzgegend auf. Wie weit oder eng fühlen Sie sich in diesem Körperbereich? Wie schwer (gemessen in Kilogramm) empfinden Sie die Gefühlslast, welche Sie begleitet? Angenommen, Sie könnten die gefühlte Verletzung als Farbe ausdrücken, welche Farbe hätte sie?

Nehmen Sie ein DIN-A4-Blatt zur Hand. Beginnen Sie Ihren Gefühlen eine Form zu geben und diese in Farbe auszudrücken. Lassen Sie das Bild nach Fertigstellung noch ein paar Minuten auf sich wirken, bevor Sie die nachfolgenden Fragen beantworten:

> Wie fühlten Sie sich während der Gestaltung?
> Hat sich Ihr Ausgangsgefühl dadurch irgendwie verändert?
> Was fällt Ihnen bezüglich der Farbwahl auf?
> Was könnte Ihr Bild darstellen? Lassen Sie Ihrer Fantasie freien Lauf!

ZIEL

Das Ausagieren von Gefühlen über Kritzellinien oder Farbkleckse entlastet und wirkt befreiend. Sie sind dazu aufgerufen, Ihren Gefühlen spontanen Ausdruck zu verleihen und sich abzureagieren.

NÜTZLICHE ANREGUNG

Es geht bei der gestalterischen Abbildung der körperlichen und seelischen Empfindungen nicht um Malstil und Qualitätsmerkmale. Reduzieren Sie diesbezügliche Ansprüche.

21 Magische Tage

In jeder Beziehung gibt es Tage, die im Jahresverlauf eine ganz besondere Rolle gespielt haben, zum Beispiel der Jahrestag der Verlobung, das Datum Ihrer Hochzeit oder Geburtstage in der Verwandtschaft, die gemeinsam gefeiert wurden. Gerade an solchen Tagen können die Erinnerungen an ihn / sie eine ganz besonders schmerzliche Qualität annehmen. In dieser Übung werden Sie dazu angeleitet, sich auf diese besonderen Tage gut vorzubereiten.

Nehmen Sie sich einen Kalender zur Hand. Gehen Sie jeden Monat durch und suchen Sie nach Daten, die für Sie problematisch werden könnten. Planen Sie an diesen Tagen ein wenig freie

Zeit ein, um entweder nach folgender Anleitung oder nach eigenen Ideen ein Verabschiedungsritual durchzuführen.

Finden Sie sich an einem ruhigen Ort ein. Machen Sie es sich bequem. Erinnern Sie sich an ein Erlebnis, das Sie vor einem oder vor mehreren Jahren an einem dieser besagten Tage mit Ihrem Partner hatten. Suchen Sie nach einem Foto, das Sie sich dazu ansehen können. Betrachten Sie es aufmerksam. Lesen Sie in den Gesichtern! Was haben Sie damals gefühlt? Worauf haben Sie sich besonders gefreut? Welches waren Ihre geheimen Sehnsüchte? Welche Ängste und Befürchtungen gab es damals?

Stellen Sie sich nun vor, Sie könnten mit dem Bild sprechen und sich selbst tröstliche Worte sagen. Erzählen Sie der Person auf dem Foto, die Sie selbst sind, was Sie in der Zwischenzeit alles erlebt haben.

Stellen Sie sich zum Abschluss der Übung vor, dass Sie sich in den Arm nehmen und wie mit einem Kind in einfachen Sätzen zu sprechen beginnen. Erzählen Sie sich dabei auch, dass irgendwann das Wunder geschehen wird, das dazu führt, dass Sie die Vergangenheit ohne Schmerzen betrachten und als Teil Ihrer bisherigen Lebensgeschichte wertschätzen können.

ZIEL
Sie setzen eine wirkungsvolle Technik ein, die Ihnen an Tagen helfen wird, welche nostalgische Erinnerungen auslösen.

NÜTZLICHE ANREGUNG
Schenken Sie sich an problematischen Tagen, wie das zum Beispiel an Weihnachten oder Silvester der Fall sein könnte, einen Verwöhntag. Rufen Sie jemand an, der Sie zum Lachen bringen könnte, gehen Sie aus oder beschäftigen Sie sich mit irgendetwas anderem, das Ihnen Spaß macht.

22 Kükenübung

Das Bedürfnis, in traurigen Momenten getröstet zu werden, ist ein verständlicher Wunsch, der sich jedoch nicht an den Expartner richten sollte. Sie werden bei folgender Übung dazu angeleitet – unabhängig von der Hilfe und Unterstützung von anderen –, tröstende innere Kräfte in sich selbst freizusetzen.

Stellen Sie sich vor, Ihr derzeitiges Gefühl der Trauer schlüpfe in ein hilfsbedürftiges kleines Küken, das Sie wärmend in beiden Händen halten können. Bringen Sie hierzu Ihre Hände in die Nähe Ihres Bauchnabels, um die Vorstellung möglichst gut zu vertiefen. Wärmen Sie Ihr Fantasieküken mit beiden Händen. Wenn Sie möchten, können Sie es dabei auch liebevoll hin- und herwiegen.

Wie sieht das Küken als Symbolträger Ihrer Empfindung aus? Welche Farbe hat es? Wie würde es sich jetzt bewegen? Hektisch, zitternd oder wäre es irgendwie gelähmt? Wäre es warm oder kalt oder feucht und schwitzend?

Überlegen Sie sich nun tröstende Worte und Sätze, die Sie sich entweder innerlich vorsagen oder laut vor sich hin sprechen. Wie verändert sich dabei Ihre Empfindung, die Sie vor Beginn der Übung hatten?

Beenden Sie die Übung, wenn Sie sich etwas getröstet und nicht mehr ganz so bedürftig fühlen.

ZIEL

Diese Übung erfreut Ihr Inneres Kind. Sie lässt sich immer dann einsetzen, wenn Sie sich traurig, hilflos, bedrückt, mutlos oder irgendwie gelähmt fühlen. Sie nehmen sich selbst wichtig genug, um sich mit tröstlichen Gedanken zu wärmen.

⟩ Suchen Sie bei anderen Trost und Hilfe, soweit möglich. Sie leben in einem sozialen Netzwerk und brauchen sich Ihrer Gefühle nicht zu schämen. Jeder Mensch kennt solche Empfindungen aus eigener Erfahrung und durchlebt diese in schwierigen Lebenssituationen ebenso wie Sie.

⟩ Stellen Sie sich vor dem Einschlafen vor, Sie hielten Ihr kleines, trostbedürftiges Küken im Arm und wiegten es in der Vorstellung ganz sanft hin und her.

23 Verwöhnungsübung

Nehmen Sie sich für die Trauerarbeit Zeit. Machen Sie es sich zu Hause gemütlich. Zünden Sie eine Kerze an. Wählen Sie ein zu Ihrer Stimmung passendes Musikstück aus. Folgende Kurzübungen können Ihnen behilflich sein, das innere Gleichgewicht wiederzufinden:

⟩ Stellen Sie sich vor, unter einem erfrischenden Wasserfall zu stehen, der in einen hellgrünen Teich einmündet. Es handelt sich um Quellwasser. Begeben Sie sich in dieses Wasser. Baden Sie darin, um sich zu reinigen, zu entschlacken und sich mit Hoffnung und Frische aufzutanken.

⟩ Stellen Sie sich vor, das traurige Innere Kind in den Arm zu nehmen und beruhigend mit ihm zu sprechen.

⟩ Schreiben Sie einen Liebesbrief an sich selbst. Wählen Sie dabei beruhigende und tröstliche Worte.

⟩ Kaufen Sie sich selbst Blumen. Sie sind es wert!

⟩ Lassen Sie sich von jemandem, bei dem Sie sich aussprechen können, zum Essen einladen.

⟩ Gehen Sie in die Sauna. Wärme heilt!

〉 Erfinden Sie jetzt selbst eine Kurzübung nach obigem Beispiel, die Sie ausprobieren und im Alltag einsetzen können.

〉 Ihre Übung: ...

ZIEL
Selbsthilfe beginnt mit den »kleinen« Handlungen. Sie bauen dadurch Gefühle der Hilflosigkeit ab. Es gibt viele Wege, die aus den Gefühlen des Selbstwertverlustes, der Depression und der Hilflosigkeit herausführen können.

NÜTZLICHE ANREGUNG
Suchen Sie sich Mitmenschen, zu denen Sie Vertrauen haben, und sprechen Sie mit diesen über Ihre Gefühle. Die Traurigkeit kann vergehen, wenn Sie Verständnis und Anerkennung von anderen erhalten.

24 Wutübungen

Wutgefühle entstehen in Situationen, in denen wir uns ungerecht behandelt fühlen. Solange das wutauslösende Thema Sie innerlich beschäftigt, werden Sie erregt und angespannt sein. Das Zurückhalten von Gefühlen der Wut und Verärgerung erfordert einen hohen Krafteinsatz, der für andere Dinge des Alltags sinnvoller eingesetzt werden könnte.

Lernen Sie deshalb bei den folgenden Übungen Wege kennen, um die Wut herauszulassen. Sie können die Übungen auch in Situationen anwenden, in denen Sie sich über das derzeitige Verhalten Ihres Expartners ganz besonders ärgern.

Trotzphasenübung

Stellen Sie sich vor, zwei oder drei Jahre alt zu sein und sich in der Phase zu befinden, in der ein Kind seine Eigenständigkeit beweisen möchte und sich im Neinsagen erprobt. Sagen Sie erst einmal zu all den Dingen, die Sie eigentlich nicht tun möchten, Nein. Denken Sie an eine Situation, in der Sie jemand gekränkt oder verletzt hat. Lassen Sie sich diese Kränkung nicht gefallen! Probieren Sie es einfach einmal aus, wie es sich anfühlt und anhört, laut vor sich hin zu schimpfen. Sprechen Sie all das aus, was Sie damals in der betreffenden Situation zurückgehalten und verschwiegen haben.

Stampfübung

Schreiben Sie die Situation, die Sie ganz besonders verletzt hat, mit großen Buchstaben auf einen Zettel. Legen Sie den Zettel gut sichtbar auf den Boden. Stampfen Sie mit bloßen Füßen so lange darauf herum, wie Sie möchten. Stampfen Sie erst schnell und heftig und dann langsamer. Sprechen Sie dabei den Satz »Ich lasse mir nichts mehr gefallen!« laut vor sich hin.

Notieren Sie Ihre Erfahrungen in Ihrem Neue-Wege-Tagebuch. Wie war das für Sie? Ist Ihnen das Stampfen leicht- oder schwergefallen? Was haben Sie dabei empfunden? Welche Erinnerungen sind dabei aufgetaucht? Fühlen Sie sich jetzt erleichtert?

Mal-die-Wut-Übung

Nehmen Sie ein Blatt Papier und Wachsmalkreiden zur Hand. Stellen Sie sich die Situation, über die Sie sich ärgern, so konkret wie möglich noch einmal vor. Welche Farbe und Form hätte Ihr Gefühl? Wie groß und schwer wäre es?

Bringen Sie Ihre Empfindungen auf dem Papier zum Ausdruck. Betonen Sie Ihre Stimmung durch die dazu passenden Bewegungen. Vielleicht möchten Sie ganz fest aufdrücken, grelle Farben verwenden, heftige Bewegungen ausführen oder das Blatt mit Kritzelbewegungen in verschiedenen Farben anfüllen. Vielleicht drücken auch spitze Zacken oder knallrote Funken Ihre Wut am besten aus.

Wie fühlen Sie sich danach? Könnten Sie diesem Bild eine Titelüberschrift geben, die Ihnen passend erscheint? Experimentieren Sie mit verschiedenen Worten und Sätzen, die Ihnen spontan einfallen.

Rohe-Eier-Übung

Werfen Sie rohe Eier in die Badewanne. Formulieren Sie dabei Vorwürfe an Ihren Expartner. Führen Sie die Wegwerfbewegung möglichst heftig aus, um die mit dem Wutgefühl einhergehende körperliche Anspannung abzureagieren.

Hauübung

Schlagen Sie mit den Fäusten auf ein Kissen ein. Wichtig ist, dass Sie dabei gelegentlich laut vor sich hin sprechen und Ihre Anklagen in Worte fassen. Sie können auch an einem Seil oder Strick zerren, der an einem Baum festgebunden ist. Der Widerstand, der dabei entsteht, zeigt Ihnen, wie viel Kraft Sie eigentlich haben. Genau diese Kraft können Sie jetzt für Ihre Selbsthilfe einsetzen, um sich von enttäuschten Erwartungen abzulösen.

Schreibübung

Nehmen Sie sich Papier und Bleistift zur Hand, um all die Gemeinheiten, die er / sie Ihnen angetan hat, aufzuschreiben. Toben
Sie sich mit Worten aus, so viel Sie möchten. Bewahren Sie diese
Aufzeichnungen auf, um sie bei Bedarf wieder einmal durchzulesen.

ZIEL

Es geht darum, die Wut zu fühlen und Wege
der Entladung, die weder Ihnen noch sonst
jemandem schaden können, zuzulassen.

NÜTZLICHE ANREGUNGEN

> Die bewusste Auseinandersetzung mit den Gefühlen der Wut und
Verärgerung kann dazu führen, dass sich die Wut kurzfristig steigert.
Gestehen Sie sich die notwendige Zeit zu, um sich auf Ihre persön-
liche Weise abzureagieren.

> Betrachten Sie die Wut als hilfreichen Wegbegleiter. Sie unterstützt
Sie dabei, sich von der früher oder jetzt noch geliebten Person
innerlich abzugrenzen.

> Verzeihen Sie sich dabei auftretende Rachewünsche. In diesen
Augenblicken sind solcherlei Gedanken ganz normal und unterstützen Sie bei der Trennungs- und Heilungsarbeit.

25 Gefühlsanalyse

Sie sind Ihren Gefühlen nicht hilflos ausgeliefert! Wenn Sie die belastenden Gefühle beschreiben und benennen können, lernen Sie sie zu verstehen und besser mit ihnen umzugehen. Folgende Gefühle können bei der Bewältigung der Trennungserfahrung eine besondere Rolle spielen:

aufgeregt, ausgenutzt, apathisch, ärgerlich, angespannt, ausgelaugt, allein, bedrückt, belastet, durcheinander, depressiv, gereizt, kribbelig, nervös, verkrampft, verbittert, hasserfüllt, rachsüchtig, wütend, nachtragend, unbefriedigt, hoffnungs- und hilflos, wertlos, traurig, leer, verunsichert, angsterfüllt, verletzt, gequält, unverstanden, manipuliert, trotzig, trostlos, unzufrieden, frustriert, ratlos, minderwertig, überfordert, entmutigt, enttäuscht, weinerlich, niedergeschlagen, energielos, träge, machtlos, schwach, überfordert, schuldig, schockiert, starr, einsam, zurückgewiesen, eifersüchtig, sehnsüchtig, verloren, verwirrt, verzweifelt, zerrissen, zittrig.

Greifen Sie eines der genannten Gefühle heraus. Akzeptieren Sie es. Sagen Sie sich das Wort vor, das dieses Gefühl beschreibt. Sagen Sie zu sich selbst die Worte: »Ja, das fühle ich tatsächlich.« Konzentrieren Sie sich dann auf dieses Gefühl und stellen Sie es sich als geschriebenes Wort in Schreibschrift vor.

Schließen Sie kurz die Augen und beobachten Sie, wie sich dieses Wort zu verändern beginnt. Möglicherweise werden die Buchstaben größer oder kleiner. Vielleicht beginnt das Wort vor Ihren inneren Augen zu verschwimmen. Bedecken Sie dann mit Ihren Handballen die Augen. Konzentrieren Sie sich auf Ihr inneres Bild und die Berührung gleichzeitig. Was verändert sich dadurch?

Sagen Sie sich nun den Satz: »Ich bin.« Streichen Sie sich dabei über das Gesicht und durch die Haare.

Beenden Sie die Übung mit einem Räkeln und Dehnen. Notieren Sie Ihre Erfahrungen in Ihrem Neue-Wege-Tagebuch.

ZIEL

Die Bejahung Ihres Gefühls stellt eine wirksame Art der Selbsttröstung dar. Anspannungen können sich so lockern.

NÜTZLICHE ANREGUNG

Beobachten Sie sich: Welche Gefühle lehnen Sie ab? Was passiert, wenn Sie diese abzuschütteln versuchen? Was geschieht, wenn Sie zu den Gefühlen, die Sie als unangenehm erleben, einfach Ja sagen? Achten Sie auf die Unterschiede, die sich durch die unterschiedliche Betrachtungsweise ergeben.

26 Knetübung

Das Kneten eines weichen, biegsamen Materials wirkt sich beruhigend auf das Nervensystem aus. Besorgen Sie sich im Fachhandel etwas Ton, um mit der nachfolgenden Übung zu experimentieren.

Legen Sie den Ton vor sich hin und schneiden Sie sich die Menge, die Sie in den Händen halten möchten, davon ab.

Denken Sie an eine Situation, in der Sie sich hilflos fühlen. Lassen Sie sich etwas Zeit, um die damit verbundenen Gedanken und Gefühle wahrzunehmen. Nehmen Sie das vorbereitete Stück Ton zur Hand. Machen Sie sich erst einmal mit diesem Material vertraut. Kneten Sie den Ton ein wenig und drehen und wenden Sie ihn.

Schließen Sie die Augen. Stellen Sie sich vor, Sie könnten mit einer Kraft in Ihrem Inneren in Kontakt kommen, die sich »Innere Weisheit« nennt. Bitten Sie nun diese verborgene Quelle des Wissens, Ihre Hände so zu bewegen, dass Sie etwas formen, das Sie aus der Hilflosigkeit herausführt und die Heilung fördert.

Öffnen Sie die Augen. Betrachten Sie, was Sie gestaltet haben. Was würde das von Ihnen gestaltete Etwas sagen, wenn es sprechen könnte? Welche Botschaft hätte es für Sie?

Schreiben Sie Ihre Erfahrungen in Ihrem Neue-Wege-Tagebuch auf.

ZIEL

Sie wirken bei der Arbeit mit Ton darauf ein, subjektiv erlebte Hilflosigkeit abzubauen und durch Handlung (= Arbeit mit den Händen) die innere Kraft zu aktivieren.

NÜTZLICHE ANREGUNG

Wenn Sie Kinder haben, können diese die Übung in abgewandelter Form durchführen. Gestalten Sie mit ihnen etwas, das Ihnen und den Kindern Spaß macht.

27 Trostübung

Besorgen Sie sich ein goldenes oder ein rosa Band, das Sie herzförmig auf den Boden legen. Das Herz sollte so groß sein, dass Sie sich bequem hineinsetzen können. Überlegen Sie nun, welche Gedanken Sie im Moment ganz besonders traurig machen. Ist es der verloren gegangene Traum einer gemeinsamen Zukunft oder eine konkrete Situation, die Sie in Gedanken immer wieder bedrückt?

Setzen Sie sich in Ihr auf dem Boden liegendes Herz. Stellen Sie sich jetzt vor, mit jedem Einatmen heilende Energie und Trost in sich aufzunehmen und diese bei jedem Ausatmen in den Bauchraum strömen zu lassen. Konzentrieren Sie sich dabei auf Ihre Körpermitte und lassen Sie den Atem genau dorthin strömen. Legen Sie Ihre Hände auf den Bauch und beobachten Sie, wie sich diese im Rhythmus Ihres Atems mitbewegen. Lassen Sie sich eine Weile vom Rhythmus Ihres Atems tragen, bevor Sie die Übung beenden.

Stehen Sie langsam wieder auf. Hat sich etwas verändert? Nehmen Sie Ihre Umgebung schärfer als zuvor wahr?

Rollen Sie Ihr Band wieder zusammen, um es an einem besonderen Platz aufzuheben, damit Sie es bei Bedarf jederzeit wieder verwenden können.

ZIEL

Sie nutzen die Herzform als Symbol der Selbsttröstung. Das Sich-Bewusstwerden Ihres persönlichen Atemrhythmus hat wohltuende Wirkung.

NÜTZLICHE ANREGUNG

Tragen Sie ein kleines Herz aus Rosenquarz oder einem anderen Stein bei sich. Berühren Sie das Herz immer dann, wenn Sie heilende Kräfte aktivieren möchten. In Ihrem Unbewussten kann das Herzsymbol so zu einem positiv besetzten Anker werden.

28 Herz-ich-sprech-mit-dir-Übung

Holen Sie sich Ihre Schreibsachen und ein Glas Ihres Lieblings-
weins oder -tees und zünden Sie eine Kerze an. In dieser Atmosphäre werden Sie jetzt einen Brief an Ihr Herz schreiben. Lesen
Sie zuvor noch das Zitat von Hazrat Inayat Khan: »Die Worte, die
die Seele erleuchten, sind wertvoller als Edelsteine.«

Sprechen Sie Ihr Herz mit »liebes Herz« an. Lassen Sie die
liebevollen Worte ohne viel zu denken einfach fließen. Es spielt
keine Rolle, ob Sie ganze Sätze oder nur Wortfragmente formulieren. Viel wichtiger ist, dass Sie durch das Schreiben in Kontakt
mit Ihren Gefühlen kommen. Benutzen Sie in Ihrem Brief Worte,
die helfen können, die Verletzungen der Vergangenheit auszugleichen. Beenden Sie den Brief mit einer Ihnen hilfreich und
tröstlich erscheinenden Formulierung.

ZIEL
Worte haben eine besondere Kraft! Sie lernen
sich durch geeignete Formulierungen zu beruhigen
und zu trösten.

NÜTZLICHE ANREGUNGEN

〉 Stecken Sie den Brief in einen Umschlag, den Sie an sich selbst
adressieren. Schicken Sie ihn ab. Sie werden überrascht sein, wie
hilfreich es ein paar Tage später sein kann, diesen Brief per Post zu
erhalten und noch einmal durchzulesen.

〉 Lesen Sie sich den Brief laut vor, um sich durch das aktive Sprechen
zu beruhigen.

29 Angstkonfrontation

Die Veränderung Ihrer bisherigen Lebenssituation kann Ängste auslösen. Machen Sie deshalb eine Bestandsaufnahme Ihrer Ängste. Welche Ängste führen dazu, dass Sie Situationen als verunsichernd oder gar übermächtig erleben? Geben Sie anhand der folgenden Tabelle das Ausmaß Ihrer Angst an, wobei 1 nur wenig und 10 sehr starke Angst bedeuten.

Angst vor Berührung und Sexualität	1	2	3	4	5	6	7	8	9	10
Angst vor Einsamkeit und Alleinsein	1	2	3	4	5	6	7	8	9	10
Angst vor den Kommentaren anderer	1	2	3	4	5	6	7	8	9	10
Angst vor finanziellen Beeinträchtigungen	1	2	3	4	5	6	7	8	9	10
Angst vor Leistungsabfall	1	2	3	4	5	6	7	8	9	10
Angst vor Alleinverantwortung im Umgang mit den Kindern	1	2	3	4	5	6	7	8	9	10
Angst vor Sinnlosigkeit	1	2	3	4	5	6	7	8	9	10
Angst vor Langeweile	1	2	3	4	5	6	7	8	9	10
Angst vor Lebensveränderungen	1	2	3	4	5	6	7	8	9	10

Greifen Sie die Angst heraus, die Sie am höchsten bewertet haben. Was müssten Sie tun, um einen Punkt nach unten zu rutschen? Was wäre der nächste kleine Schritt, den Sie einleiten könnten? Wessen Hilfe und Unterstützung bräuchten Sie, um den genannten Schritt zu realisieren? Schreiben Sie einige Gedankengänge auf, die dazu führen könnten, dass Sie die Hilflosigkeit überwinden und wieder handlungsfähig werden. Setzen Sie einen dieser Punkte in die Tat um.

Carolyn hat den Wert 9 beim Thema »Angst vor Alleinverantwortung im Umgang mit den Kindern« angegeben. Sie denkt darüber nach, was sie tun könnte, um ihre Angst von 9 auf 8 zu senken. Ihr fällt dazu ein, dass sie Mitglied bei einem Verein für alleinerziehende Mütter und Väter werden könnte. Sie ruft dort an, um einen Termin zum Kennenlernen zu vereinbaren.

ZIEL
Sie lernen, zwischen verschiedenen Angstinhalten zu differenzieren. Sie überlegen Vorgehensweisen, die Ihnen helfen könnten, sich Ihrer Angst bewusst zu stellen und konkrete Handlungsschritte einzuleiten.

NÜTZLICHE ANREGUNG
Beobachten Sie sich: Welche Katastrophenfantasien gingen Ihnen letzte oder diese Woche durch den Kopf? Beeinflussen Sie Ihr Denken. Sagen Sie einfach stopp, wenn Sie unergiebige Gedankengänge einstellen möchten.

30 Vergebung

Hegen Sie Groll gegen Ihren Expartner? Wünschen Sie ihm eine Pechsträhne nach der anderen, weil sie ihm / ihr nicht vergeben können? Es ist immer schwer, demjenigen zu vergeben, der uns Wunden zugefügt hat. Zuerst einmal ist es aber wichtig, anzuklagen, bevor überhaupt eine Vergebung stattfinden kann. Die folgende Übung ist für Sie gut geeignet, wenn Sie genug angeklagt haben und es an der Zeit ist, dauerhaften Groll zu lindern und in Ihrem eigenen Interesse versöhnlichere Gedanken zuzulassen.

Nehmen Sie Papier und einen Stift zur Hand. Unterteilen Sie das Papier in drei Spalten. Verwenden Sie die Satzanfänge des folgenden Beispiels und vervollständigen Sie die Sätze mit Ihren eigenen Worten.

Sophie, 43 Jahre alt, erlebte eine Trennung nach achtjähriger Ehe. Sie schrieb:

Ich will ihm nicht vergeben, weil ... er mich betrogen hat.	Ich könnte ihm vergeben, wenn ... er sich schuldig fühlen würde.	Wenn ich ihm vergeben würde, dann ... könnte ich wieder lachen und fröhlich sein.

Greifen Sie sich die oder eine der Antworten heraus, die Sie in der rechten Spalte notiert haben. Schreiben Sie sich diese auf ein Kärtchen, das Sie bei sich tragen. Lesen Sie Ihre Antwort mehrmals täglich durch. Sie wirkt auf Ihr Unterbewusstsein und führt letztlich dazu, dass Sie Beschuldigungen und Anklagen irgendwann wirklich loslassen können.

31 Einschlafübung

Besonders vor dem Einschlafen können bestimmte Gefühle, die sich auf die Trennung und die daraus resultierenden Folgen beziehen, immer wieder auftreten. Dies hat unmittelbare Auswirkungen auf Ihren Schlaf und Ihre Träume.

Ihre Gefühle vor dem Einschlafen werden von Gedanken ausgelöst. Wenn Sie vor dem Einschlafen nur an das denken, was Ihnen schwer und unbewältigbar erscheint, so werden Sie am nächsten Morgen nicht frisch und energiegeladen aufwachen. Machen Sie sich deshalb die Gedanken bewusst, die zu einer emotionalen Anspannung führen.

Gibt es irgendein inneres Selbstgespräch, mit dem Sie sich wach halten? Welche Gedanken in Bezug auf die Trennung gehen Ihnen kurz vor dem Einschlafen durch den Kopf? Sind diese Gedanken belastend? Stoppen Sie diese: Kontrollieren Sie Ihre Gedankengänge, damit belastende und unangenehme Gefühlsempfindungen seltener auftreten. Hierzu einige Tipps:

> Legen Sie entspannende Musik auf oder hören Sie sich eine CD mit einem für Sie passenden Entspannungstext an.

> Sehen Sie sich ein Foto mit einer schönen Landschaft an, das Ihnen vom Motiv her zusagt. Beschreiben Sie die einzelnen Details. Werden Sie in Gedanken klein wie ein Däumling, um in dieser Landschaft spazieren zu gehen. Wie fühlt sich diese Vorstellung für Sie an? Was werden Sie in der entsprechenden Landschaft unternehmen? Wie wird es Ihnen dort ergehen?

> Sehen Sie sich eine Kunstpostkarte an. Stellen Sie sich vor, der Künstler zu sein, der das Bild erschaffen hat. Was würden Sie verändern? Welche Farbkonstellationen würden Sie kräftiger oder blasser auftragen? Welche sonstigen Vorstellungen löst das Bild bei Ihnen aus? Lassen Sie sich durch Ihre Assoziationen in ungewöhnliche Fantasiewelten entführen.

Immer dann, wenn Ihre Gedanken zur Trennungssituation zurückkehren, sollten Sie sich vor dem Einschlafen innerlich ein »Stopp, jetzt nicht« vorsagen. Erinnern Sie sich an Ihr Foto oder Ihre Kunstpostkarte. Versuchen Sie sich diese mit geschlossenen Augen zu vergegenwärtigen, bis das Einschlafen ganz leicht möglich ist.

ZIEL

Die Übung leitet Sie dazu an, sich darin zu üben, angenehme Bilder vor dem Einschlafen aufsteigen zu lassen.

NÜTZLICHE ANREGUNG

Erweitern Sie die Übung: Denken Sie vor dem Einschlafen an eine schöne Blumenwiese, einen rauschenden Wasserfall, an Vogelgezwitscher oder warme Sonnenstrahlen. Beschäftigen Sie Ihren Geist mit angenehmen Vorstellungs- und Denkinhalten.

32 Inneres Kind

Die Begegnung mit Ihrem Inneren Kind kann zu einer tröstlichen und wohltuenden Erfahrung werden. Stellen Sie sich vor, als Däumling auf einer Rutsche in Ihren Bauchraum hinunterzugleiten. Unten angekommen, begegnen Sie Ihrem Inneren Kind. Wie alt ist es? Welche Kleidung trägt es? Was tut es gerade? Wie fühlt es sich?

Bitten Sie Ihr Inneres Kind, Ihnen etwas über seine Gefühle zu erzählen. Fühlt es sich übersehen, gekränkt, missachtet oder einfach nur traurig und ungeliebt? Welche Gefühle hat Ihr Inneres Kind in diesem Moment?

Trösten Sie Ihr Inneres Kind. Nehmen Sie es in den Arm, um es hin- und herzuwiegen. Ermutigen Sie es, sich anzuschmiegen. Es darf all die Gefühle haben, die jetzt in diesem Moment vorhanden sind.

Begleiten Sie Ihr Inneres Kind in eine Höhle. Dort darf es sich ausruhen, bis Sie irgendwann später zurückkehren werden, um sich seiner Bedürfnisse nach Nähe und Trost wieder anzunehmen.

Beenden Sie die Übung mit der Vorstellung, dass sich Ihr Inneres Kind wertgeschätzt und geliebt fühlt.

ZIEL
Sie geben Ihrem Inneren Kind in einer Krisensituation all die Wärme und Anteilnahme, die es benötigt.

Tragen Sie ein Kindheitsfoto bei sich. Holen Sie es hervor, wenn Sie sich traurig oder überfordert fühlen. Sprechen Sie mit Ihrem Inneren Kind mit wertschätzenden und aufbauenden Worten.

33 Traurige Augen

Gefühle der Trauer sind in einem Trennungsprozess Ihre ständigen Situationsbegleiter. Ein Zitat von Yehuda Amichai lautet: »Schließen Sie ein trauriges Auge. Schließen Sie das andere traurige Auge. Jetzt können Sie sehen.«

Was fühlen Sie, wenn Sie Ihre Augen schließen und sich an eine Situation erinnern, in der Sie die Trauer über das Verlorengegangene überkommt? Erlauben Sie sich die traurigen Gefühle?

Stellen Sie sich jetzt vor, Ihre Traurigkeit wandle sich und würde zu einem lebendigen Wesen, mit dem Sie in Kontakt treten könnten. Wie sieht dieses Wesen aus? Wie groß ist es? Welche Kleidung trägt es? Wo befindet es sich? Was genau tut es?

Führen Sie mit dem Fantasiewesen, das Ihre Traurigkeit verkörpert, ein Gespräch. Was benötigt dieses traurige Wesen? Wie könnten Sie ihm helfen? Was wünscht es sich? Welches Geschenk bräuchte es von Ihnen, um sich liebevoll behandelt und wertgeschätzt zu fühlen?

Stellen Sie sich jetzt vor, dass Sie mit jedem Atemzug zu Ihrem nun verbleibenden Gefühl einfach Ja sagen. Was geschieht, wenn Sie Ihr Gefühl annehmen und bejahen? Verändert sich irgendetwas? Hat sich vielleicht auch die Gestalt oder das Wesen, das Sie sich ausgedacht haben, verändert? Reichen Sie Ihrem Fantasiewesen zum Abschied die Hand.

Notieren Sie Ihre Erfahrungen in Ihrem Neue-Wege-Tagebuch.

ZIEL

Die Übung ermutigt Sie, auf fantasievolle Art
Ihrer Trauer zu begegnen.

NÜTZLICHE ANREGUNG

Sagen Sie sich immer dann, wenn Sie sich traurig
fühlen, den Satz: »Ich entscheide mich, die Trauer
zuzulassen«. Dieser Satz wird Ihre Trauer erträglich
erscheinen lassen.

34 Herzheilung

Wie möchten Sie sich bei der folgenden Übung Ihr Herz vorstellen? Es kann in Ihrer Fantasie entweder die anatomische Form haben oder ein symbolisches rotes oder rosafarbenes Herz sein.

Schließen Sie jetzt die Augen. Stellen Sie sich vor, Ihr Herz trüge sichtbare Spuren der in der Beziehung erlebten Verletzungen. Vielleicht fühlen Sie sich dabei so, als ob Pfeile oder Messer Ihr Herz durchbohrt hätten. Stellen Sie sich die Verletzung so bildhaft wie möglich vor. Nehmen Sie die durch die Verwundung entstandenen Risse, Löcher, Verklebungen und blutenden Stellen und die damit möglicherweise verbundenen Schmerzen wahr.

Werden Sie zu Ihrem eigenen Heiler. Wählen Sie unter den zur Verfügung stehenden Heilungsmöglichkeiten das aus, was sich gut anfühlt. Sie können die verletzenden Pfeile oder sonstige Gegenstände entfernen, Ihr Herz mit warmem, heilendem Wasser umspülen oder es eincremen und massieren. Denken Sie dabei tröstende und beruhigende Worte. Sie können auch ganz andere Heilmethoden erfinden und einsetzen.

Lassen Sie sich ein Lied einfallen, das dazu geeignet ist, die erlebten Verletzungen vergessen zu lassen. Stellen Sie sich dabei vor, hören zu können, wie dieses Lied speziell für Sie gesummt oder gesungen wird.

Beenden Sie die Übung mit der Vorstellung, dass Ihr Herz sich mit jedem Atemzug mit goldenem Licht anfüllt. Es kann jetzt in Ruhe heilen.

Miriam sieht Ihr blutüberströmtes Herz vor sich. Sie stellt sich vor, dass ihre Innere Heilerin das Blut auffängt, um es wieder in das Herz zurückzuleiten. Sie fühlt sich nach dieser Vorstellung voller Zuversicht, weil ihr bewusst wird, dass Selbstheilung möglich ist.

ZIEL

Sie verwenden hilfreiche Vorstellungen, wie zum Beispiel das Bild des Heilers. Ihr Unbewusstes wird angeregt, sich mit Aspekten der Selbstheilung auseinanderzusetzen. Sie werden dabei von den Meinungen und Urteilen anderer unabhängig.

NÜTZLICHE ANREGUNGEN

❯ Streicheln und massieren Sie Ihren Brustbereich. Verwenden Sie dazu ein gut riechendes Haut- oder Massageöl.

❯ Legen Sie die Hand auf das Herz. Stellen Sie sich dabei vor, Ihr Inneres Kind säße in Ihrem Herzen und genieße jede Ihrer Berührungen.

❯ Legen Sie in belastenden Alltagssituationen beide Hände auf den Herzbereich. Sagen Sie sich dabei vor, dass Sie keine weiteren Verletzungen zulassen werden. Ziehen Sie auch äußerlich Grenzen.

35 Ballspiel

Stellen Sie sich vor, Sie könnten ein Gefühl, das Sie ganz besonders belastet, beispielsweise Verunsicherung, Bedrückung oder Einsamkeit, in Form eines kleinen Balles in den Händen halten. Entscheiden Sie sich, mit welchem der genannten Gefühle Sie jetzt arbeiten möchten.

Wie groß ist dieser Ball, der Ihr Gefühl enthält? Wie schwer ist er? Welche Farbe hat er? Aus welchem Material besteht er?

Stellen Sie sich vor, den Ball irgendwohin zu rollen oder in den Raum zu werfen. Lassen Sie nun den Ball größer werden und nehmen Sie wahr, wie es sich anfühlt, das darin lebende Gefühl wachsen zu lassen.

Dann lassen Sie ihn so klein werden, dass er gerade noch sichtbar ist. Nehmen Sie wahr, wie es sich anfühlt, das darin lebende Gefühl schrumpfen zu lassen.

Verändern Sie nun die Farbe des Balles. Verknüpfen Sie mit dieser Vorstellung den Gedanken, dass es durchaus möglich ist, sich gelegentlich von seinen Gefühlen zu distanzieren.

Entscheiden Sie jetzt, was Sie mit dem Ball gerne machen würden. Lassen Sie Ihren Fantasien freien Lauf.

Notieren Sie Ihre Erfahrungen im Neue-Wege-Tagebuch. Achten Sie darauf, was sich in Ihrem Gefühlsleben nach Abschluss der Übung verändert hat.

Uta stellte sich den Ball zu Beginn der Übung schwer wie Zement und schwarz wie Teer vor. Sie kann ihn anfangs nicht wegrollen. Es gelingt ihr jedoch, den Ball schrumpfen zu lassen. Dadurch wird er leichter und heller.

ZIEL

Das Spiel mit dem Ball bewirkt, dass die eigene Lebenssituation als veränderbar eingeschätzt wird.

NÜTZLICHE ANREGUNG

Machen Sie es sich zur Gewohnheit, belastende Gefühle in der Vorstellung spielerisch zu bearbeiten. Sie können Trauer, Einsamkeit, Hilflosigkeit oder andere negative Empfindungen in den Ball packen.

36 Glasscheibenübung

Denken Sie an eine unangenehme Begebenheit, die Ihnen kürzlich mit Ihrem Partner widerfahren ist. Was geschah? Was haben Sie in dieser Situation als ganz besonders belastend empfunden? Schließen Sie die Augen.

Stellen Sie sich eine ganz besonders dicke Glasscheibe vor, die Sie zwischen sich und die Situation schieben. Malen Sie sich die Scheibe in allen Einzelheiten aus. Wie dick ist sie? Welche Farbe hat das Glas? Wie fühlt es sich für Sie an, geistig die Scheibe zwischen sich und die belastende Situation zu schieben? Lassen Sie das Glas in Ihrer Vorstellung noch dicker werden. Stellen Sie sich dabei vor, dass all das Unangenehme, das Ihr Partner gesagt oder getan hat, an der Scheibe abprallt.

Vertiefen Sie sich in die Vorstellung, wie es wäre, eine Glasscheibe als Schutz zwischen sich und unangenehm erlebte Situationen schieben zu können. Was würde sich dann in schwierigen Situationen für Sie ändern? Für welche Art von Verletzungen wären Sie weniger empfänglich?

Notieren Sie Ihre Erfahrungen in Ihrem Neue-Wege-Tagebuch.

Philipp setzt die Glasscheibentechnik in Konfliktsituationen mit seiner Noch-Ehefrau immer dann ein, wenn sie ihn als Versager und Nichtsnutz beschimpft. Die Vorstellung erweitert seinen Handlungsspielraum und unterbricht sein bisheriges Reaktionsmuster (Tassen an die Wand werfen, toben, wüten, schreien …).

ZIEL

In Trennungssituationen versagen oft bisherige Selbstschutzstrategien. Der Einsatz schützender innerer Symbole kann verhindern, dass Sie sich bei Angriffen anderer schutz- und wehrlos fühlen.

NÜTZLICHE ANREGUNG

Setzen Sie die Glasscheibentechnik im Alltag immer dann ein, wenn Sie sich hilflos und überfordert fühlen. Sie kann zu einem wirksamen Selbstschutz werden und helfen, unbesonnenen Handlungen vorzubeugen.

37 Zertrümmerungsübung

Langfristiges Unterdrücken von Wut und Verärgerung kann körperlich krank machen. Nutzen Sie deshalb folgende Übung, um sich in der Vorstellung abzureagieren. Denken Sie an eine Situation, über die Sie sich im Moment ganz besonders ärgern.

Stellen Sie sich vor, vor einem großen Gebäude mit vielen Fensterscheiben zu stehen. Sie tragen eine Tasche mit Steinen bei sich. Wie viele Scheiben müssten Sie mit Steinen bewerfen, um Ihren Ärger abzureagieren? Wie lange würde es wahrscheinlich dauern, bis sich Ihre Wut gelegt hat?

Zertrümmern Sie so viele Glasscheiben wie möglich. Nehmen Sie dabei auch die Arm- und Handbewegung wahr. Achten Sie auf die Geräusche. Wie würde es sich anhören, wenn so viele Scheiben zersplittern?

ZIEL

Statt die Wut in sich hineinzufressen, können Sie sich in der Fantasie abreagieren.

NÜTZLICHE ANREGUNG

Setzen Sie Bewegung ein. Sie könnten zum Beispiel stampfend durch das Zimmer gehen oder mit einem Kochlöffel auf einen Topf schlagen.

Rituale zur Aktivierung innerer Kraftquellen

Wie ein Schiff, das kentert, führen Trennungen dazu, dass man vom geplanten Kurs abkommt. Möglicherweise ist Ihnen durch das Scheitern der Beziehung Ihr Blick für die Fähigkeiten und Möglichkeiten, die in Ihnen stecken, abhandengekommen. Sie haben nicht nur den Partner verloren und eine Erschütterung der vertrauten Alltagsgewohnheiten erlebt, es fehlt Ihnen jetzt auch der Teil Ihres Selbst, der sich einlassen wollte und konnte.

Der Wunsch, zu Ihrem Partner zu gehören, darf nicht mehr gelebt werden. Die ehemalige Zugehörigkeit, die in der Empfindung wurzelte, eine innere Heimat gefunden zu haben, hat sich aufgelöst. Dies kann dazu führen, dass Sie sich auch selbst verloren haben und in Ihrem Selbstsein zutiefst verunsichert sind. Das, was durch Ihren Partner in Ihnen belebt worden ist, ist zwar auch ein Teil Ihres Selbst, erscheint Ihnen aber in der Phase der Loslösung wie abgestorben und unwiderruflich verloren.

Die folgenden Übungen sollen Ihnen helfen, eine Beziehung zu sich selbst aufzubauen, die es Ihnen ermöglicht, die eigenen Kraftquellen wieder zum Sprudeln zu bringen. Es steckt weit mehr in Ihnen, als Ihnen vielleicht im Moment bewusst ist. Je häufiger Sie die genannten Übungen durchführen, desto schneller werden Sie Zugang zu vertrauten Ressourcen finden, hilfreiche Bewältigungsmöglichkeiten erproben und Neues hinzulernen.

Wahrnehmungs- und Handlungsaufgaben

Schau und du wirst es finden – was nicht gesucht wird,
das wird unentdeckt bleiben.

Sophokles

38 Kraft-Atem

Regelmäßiges, langsames Atmen führt zur Entspannung, während Erregung den Atemfluss beschleunigt. Den eigenen Atemrhythmus gedanklich zu begleiten, ohne ihn zu stören, heißt zu innerer Ruhe und Gelassenheit zu kommen.

Legen Sie sich in Rückenlage auf eine feste Unterlage. Die Beine sollten hüftbreit auseinanderliegen. Konzentrieren Sie sich auf Ihre Körpermitte. Legen Sie beide Hände auf den Bauch.

Denken Sie während des Einatmens die Worte »Ich bin« und während des Ausatmens ein für Sie kräftigendes Wort, zum Beispiel »Zuversicht«, »Hoffnung« oder »Kraft«.

Achten Sie ganz bewusst auf die daran anschließende Atempause. Nehmen Sie diese Pause ganz bewusst wahr und erleben Sie dann ebenso bewusst den Beginn des Wiedereinatmens. Fahren Sie einige Male fort, so zu atmen, bis Sie sich wohlfühlen. Strecken und dehnen Sie sich, um die Übung zu beenden.

ZIEL

Die Atmung ist willentlich beeinflussbar. Durch den Einsatz einer richtigen Atemtechnik kann sich der Körper regenerieren. Sie können durch die Art des Atmens Ihre seelische Befindlichkeit positiv beeinflussen.

NÜTZLICHE ANREGUNGEN

> Wie atmen Sie, wenn Sie sich Sorgen um Ihre Zukunft machen? Beobachten Sie sich dabei!

> Wie atmen Sie, wenn Sie daran denken, die persönliche Kraft und Stärke zu aktivieren, um zukünftig schwierige Situationen zufriedenstellend zu meistern?

> Atmen Sie einige Male ruhig ein und aus. Denken Sie in der kurzen Atempause zwischen Ein- und Ausatmen das Wort »Vertrauen« oder »Kraft«.

39 Spiegelbild

Der Blick in den Spiegel zeigt Ihnen, in welcher Stimmung Sie sich gerade befinden.

Probieren Sie vor dem Spiegel Folgendes aus: Erinnern Sie sich an die schlimmsten Tage Ihrer ehemaligen Beziehung und nehmen Sie vor dem Spiegel das dazu passende Gesicht ein.

Denken Sie jetzt an eine Situation, in der Sie in Kontakt mit Ihrer Kraft waren und sich in Ihrem sozialen Umfeld respektiert und wertgeschätzt fühlten. Wie hat sich Ihr Gesicht jetzt verändert? Welchen Augenausdruck haben Sie jetzt im Vergleich zu vorhin? Gibt es sonst noch Unterschiede, die sich in der Stirn- oder Wangenpartie zeigen?

Blicken Sie jetzt so in den Spiegel, dass Sie aus Ihrem Gesichtsausdruck Mut, Entschlossenheit und persönliche Stärke herauslesen können. Experimentieren Sie dabei so lange mit Ihrem Spiegelbild, bis Sie zufrieden sind.

Beenden Sie die Übung mit einem positiven Blick in den Spiegel.

ZIEL

Die Übung macht Ihnen bewusst, dass die Absicht ausreicht, sich an die persönliche Kraft und Stärke zu erinnern, um eine äußerliche Veränderung wahrzunehmen.

NÜTZLICHE ANREGUNG

Sehen Sie so lange in den Spiegel, bis Ihr Gesicht vor den Augen zu verschwimmen beginnt und Sie in eine leichte Trance einsinken. Sagen Sie sich dann einen aufbauenden Satz. Achten Sie danach auf die Veränderung Ihres Augen- und Gesichtsausdrucks.

40 Körperkraft

In der folgenden Übung werden Sie sich bewegen. Legen Sie sich einen Schal oder einen Strick, den Sie mit beiden Händen gut festhalten können, parat. Finden Sie einen Platz im Raum, der Ihnen genug Spielraum lässt, um die Arme auszubreiten. Halten Sie den Strick beziehungsweise Schal fest in beiden Händen.

Schließen Sie die Augen. Was fühlen Sie jetzt, während Sie stehen? Lenken Sie Ihre Aufmerksamkeit auf die Fußsohlen. Stellen Sie sich vor, Sie könnten Kraft aus dem Boden durch die Fußsohlen aufsaugen. Sie fühlen sich dabei ganz fest mit dem Boden verankert. Tun Sie dabei so, als ob Sie auf magische Art und Weise im Boden Wurzeln geschlagen hätten.

Nehmen Sie nun die Arme nach oben. Halten Sie den Strick oder Schal in beiden Händen. Breiten Sie die Arme so weit wie möglich aus, um die dabei entstehende Anspannung spüren zu können. Die Dehnung soll so stark sein, dass Sie sie gerade noch aushalten können, ohne Schmerzen zu verspüren. Wie fühlt sich die Dehnung an? Lockern Sie kurz darauf die Arme und wiederholen Sie dasselbe noch einmal. Achten Sie dabei auf die sich einstellende Muskelanspannung und sagen Sie sich den Satz: »Das ist meine Kraft und ich werde Sie nutzen«.

Beenden Sie die Übung damit, dass Sie anschließend Ihre Arme und Beine ausschütteln und den Kopf vornüber hängen lassen.

ZIEL

Sie machen die Kraft Ihres Körpers zu Ihrem Verbündeten und aktivieren dadurch seelische Kräfte.

NÜTZLICHE ANREGUNG

Die Übung lässt sich einsetzen, wenn Sie sich erschöpft und ermattet fühlen. In nur wenigen Minuten können Sie auftanken, um wieder fit und leistungsfähig zu werden.

41 Kraftstrom

In einer Trennungssituation geht es darum, den Zugang zu den in Ihnen lebenden schöpferischen Kräften wiederzufinden, um kreativen Einfällen bei der weiteren Lebensgestaltung neuen Raum geben zu können.

Setzen Sie sich in aufrechter Haltung bequem auf einen Stuhl. Pressen Sie beide Handinnenflächen fest aneinander. Fühlen Sie den Druck, den eine Hand auf die andere ausübt.

Nun nehmen Sie beide Handinnenflächen ganz langsam auseinander. Stellen Sie sich hierbei vor, dass in den unsichtbaren Raum zwischen den Handinnenflächen Kraft einströmt. Je langsamer Sie die Hände auseinanderbewegen, desto intensiver wird die Empfindung sein, dass beide Hände durch einen Kraftstrom miteinander verbunden sind.

Bewegen Sie die Handinnenflächen wieder aufeinander zu, jedoch ohne diese zu schließen. Sie sollten mindestens einen Zentimeter Abstand lassen. Sie werden jetzt bemerken, dass sich die Kraft zwischen Ihren Handflächen wie dehnbares Material anfühlt. Es ist, als ob Sie die entstehende Energie tatsächlich dehnen oder ziehen könnten.

Legen Sie die so aufgeladenen Hände auf den Solarplexusbereich auf, der sich oberhalb des Bauchnabels befindet. Stellen Sie sich dabei vor, dass die entstandene Kraft in Ihren Bauchraum einströmt.

ZIEL

Die Konzentration auf eine unsichtbare Kraft zwischen den Händen und das Erspüren des dabei entstehenden Kraftstroms fördern das Wohlbefinden.

NÜTZLICHE ANREGUNGEN

⟩ Achten Sie darauf, dass Ihre Hände vor dem Üben warm und locker sind. Gönnen Sie sich vor und nach der Übung eine kleine Entspannungspause.

⟩ Stellen Sie sich vor, Sie trügen eine Kraftquelle in Ihrem Inneren, die immer dann zu sprudeln begänne, wenn Sie in der Vorstellung dorthin gingen.

42 Körperbefreiung

Die Trennungssituation kann Ihre körperliche Befindlichkeit beeinflussen und Befindlichkeitsstörungen auslösen. Schenken Sie Ihrem Körper jetzt ein wenig mehr Aufmerksamkeit.

Stellen oder setzen Sie sich hin. Wie fühlt sich der Körper an, wenn Sie sich in Gedanken mit Ihrer Beziehung und den daran geknüpften noch ungeklärten Dingen beschäftigen? Greifen Sie jetzt einen Gedanken heraus, der Sie ganz besonders belastet.

Welche Körperhaltung haben Sie jetzt? Wie atmen Sie? Was tun Sie mit Ihren Schultern? Wie fühlen sich Kopf und Hals an? Wo befinden sich Ihre Arme und Hände? Wie spüren Sie sich in Verbindung mit dem Boden oder dem Stuhl? Wo liegt der körperliche Schwerpunkt? Beobachten Sie, ob es einen körperlichen Bereich gibt, der mehr angespannt als ein anderer ist. Wo im Körper ist die Muskelspannung stärker und wo ist sie schwächer? Wie wirkt diese Haltung auf Sie und welche Gefühle löst sie aus?

Lösen Sie sich jetzt von der bisher eingenommenen Körperhaltung. Denken Sie darüber nach, welchen ichstärkenden Satz Sie sich in diesem Moment sagen könnten. Sprechen Sie diesen Satz laut aus. Achten Sie dabei auf Veränderungen in Ihrem Körpergefühl. Sprechen Sie diesen Satz so lange vor sich hin, bis Sie eine Veränderung wahrnehmen.

Stellen Sie sich jetzt gerade hin. Richten Sie sich dabei auf, bis der Rücken ganz gerade ist. Stellen Sie die Beine in Hüftbreite voneinander auf. Achten Sie dabei auf die Verbindung zwischen Ihren Fußsohlen und dem Boden. Wie fühlen Sie sich dabei? Hat sich etwas im Vergleich zu vorhin verändert?

ZIEL

Ihre Gedanken nehmen auf das körperliche
Wohlbefinden Einfluss. Emotionale Erregung
kann zu körperlicher Anspannung führen, während
ein ichstärkender Gedanke ein Nachlassen der
körperlichen Anspannung zur Folge hat.

NÜTZLICHE ANREGUNG

Setzen Sie sich zum Abschluss der Übung still hin. Sie können dabei
erleben, wie Sie innerlich ruhig und gelassen werden und bei sich selbst
ankommen.

43 Goldene-Buchstaben-Übung

Das Verlassenwerden von einer Person, die Sie über einen längeren Zeitraum Ihres Lebens begleitet hat, kann eine Selbstwertkrise auslösen. Sie beginnen aufgrund der innerlich erlebten Verunsicherung sich anders zu verhalten als bisher und an sich selbst
zu zweifeln.

Wenn Sie sich von diesen Zeilen angesprochen fühlen, kann
Ihnen die folgende Übung Erleichterung bringen.

Legen Sie sich hin und schließen Sie die Augen. Stellen Sie
sich vor, den Geruch von Pfefferminze wahrzunehmen und einzuatmen. Lassen Sie sich dabei so lange Zeit, bis Sie den Eindruck
haben, dass Ihr ganzes Sein sich auf den Geruch der Pfefferminze
»einschwingt«.

Denken Sie dann an eine oder mehrere Personen, die Ihnen
vertrauten und von denen Sie sich wertgeschätzt fühlten. Es kann
sich hierbei auch um eines Ihrer Kinder handeln. In welcher Situation haben Sie die Wertschätzung dieser Personen gefühlt? Wel-

che Worte wurden benutzt? Welche Handlungen haben Ihnen gezeigt, dass Sie geachtet und respektiert wurden?

Hören Sie die Worte, die gesprochen wurden, so als würden diese gerade eben zu Ihnen gesagt. Wie fühlen Sie sich dabei? Greifen Sie einen Satz heraus, den Sie besonders gern gehört haben. Erschaffen Sie sich in Ihrer Vorstellung eine Tafel, auf der Sie den erinnerten Satz in goldenen Buchstaben anschreiben.

Beenden Sie die Übung, wenn sich ein Gefühl der Erleichterung einzustellen beginnt.

ZIEL

Die Übung lädt Sie dazu ein, Ihre Aufmerksamkeit zuerst auf eine Sinneswahrnehmung (= erfrischender Geruch) zu lenken. Anschließend fällt es sehr viel leichter, sich für stärkende Erinnerungen zu öffnen.

NÜTZLICHE ANREGUNGEN

› Riechen Sie in Momenten, in denen Sie sich von Ihren Selbstzweifeln ablenken möchten, an frischen Kräutern oder einem Aromaöl. Denken Sie dann bei jedem Einatmen die Worte »Ich bin« und beim Ausatmen an eine positive Eigenschaft, die Sie sich selbst gerne zuschreiben möchten, zum Beispiel »Ich bin stark« oder »Ich bin kreativ«.

› Kaufen Sie sich ein gutes Buch über Aromatherapie. Düfte haben stärkende Eigenschaften und können wie ein Antidepressivum eingesetzt werden.

› Bitten Sie eine/n sehr gute/n Freund/in, Ihnen in einem Brief mitzuteilen, was sie oder er an Ihnen ganz besonders gern mag.

44 Wahrnehmungsübung

Der Kraftpunkt liegt immer in der Gegenwart. Die Schulung Ihrer Beobachtungsfähigkeit hilft Ihnen, in den gegenwärtigen Moment einzutauchen.

Setzen Sie sich bequem hin und überlegen Sie: Welchen im Zimmer befindlichen Gegenstand möchten Sie gern *ansehen?* Was mögen Sie an diesem Gegenstand? Fällt Ihnen nach eingehender Betrachtung irgendetwas auf, das Sie vorher noch nicht bemerkten? Achten Sie auf irgendein Detail, das Ihnen bisher noch nicht aufgefallen ist. Was sehen Sie, ohne den Kopf zu bewegen, rechts und links im Umfeld des gewählten Gegenstandes? Welches weitere Detail, das Ihnen vorher entgangen ist, können Sie wahrnehmen?

Nehmen Sie jetzt bewusst alle Geräusche wahr, die Sie im Moment *hören* können: vorbeifahrende Autos, Vogelgezwitscher, Uhrenticken oder Stimmen. Welche dieser Geräusche hören Sie am liebsten? Welche lösen angenehme innere Empfindungen aus?

Begegnen Sie nun Ihrer Geruchswelt. Welchen *Geruch* können Sie im Raum wahrnehmen? Wie würden Sie diesen Geruch mit Worten beschreiben? Mögen Sie diesen Geruch?

Berühren Sie jetzt irgendeinen Gegenstand. Wie fühlt sich dieser mit offenen Augen und wie mit geschlossenen Augen an? Mit welchen Worten könnten Sie Ihre Wahrnehmung beschreiben? Welche Empfindungen löst die Berührung bei Ihnen aus?

Tauchen Sie nun ganz in Ihre inneren Empfindungen ein. Welcher Teil Ihres Körpers fühlt sich im gegenwärtigen Moment am meisten mit Kraft aufgeladen? Berühren Sie diesen Körperbereich. Erspüren Sie die zur Verfügung stehende Kraft mit beiden Händen. Was fällt Ihnen dazu ein?

Beenden Sie die Übung so, wie Sie diese begonnen haben: Schauen Sie noch einmal den Gegenstand Ihrer Wahl an. Was hat sich jetzt an Ihrer Wahrnehmung verändert? Gibt es noch irgendetwas, das Ihnen auffällt und das Sie vorher nicht bemerkten?

ZIEL
Die Übung führt dazu, dass sich Ihre Sinne schärfen und Sie kurzfristig besser sehen und hören werden.

NÜTZLICHE ANREGUNGEN

> Die anregende Wirkung dieser Übung kann möglicherweise einen Kaffee oder sonstige Aufputschmittel ersetzen.
> Setzen Sie diese Übung immer dann ein, wenn Sie sich »festgefahren« fühlen. Experimentieren Sie damit auch draußen in der Natur.

45 Heilungslied

Viele Beziehungen werden von einem Lied begleitet. Ist es vielleicht das Lied, das Sie in der ersten Phase der Verliebtheit miteinander hörten? Oder ein bestimmter Musikstil, der Sie miteinander verband? Erinnern Sie sich! Welche Art von Musik »gehörte« Ihnen gemeinsam? Mit großer Wahrscheinlichkeit würde das Anhören der vertrauten und mit der Beziehung assoziierten Musik Erinnerungen hervorrufen, die in bedrückende Empfindungen einmünden könnten.

Welche Musik möchten Sie in Ihrer neuen Lebensphase als Single zu Ihrer ermutigenden und begleitenden Alltagsmusik machen? Legen Sie verschiedene Musikstücke auf, um genau hinspüren zu können, welche(n) Titel Sie hören könnten, um sich wohler und freier zu fühlen. Vielleicht fällt Ihnen aber auch ganz spontan ein Lied oder eine Stilrichtung ein, die Sie sich als Heilungsmusik vorstellen könnten.

Kombinieren Sie das Hören des jeweiligen Liedes mit einem Satz, den Sie sich laut oder leise vorsagen, zum Beispiel: »Jedes Mal, wenn ich dieses Lied höre, komme ich in Kontakt mit meiner Kraft«, oder: »Jedes Mal, wenn ich dieses Lied höre, fühle ich mich leicht und unbeschwert«.

Ihr persönlicher Satz lautet: ...

ZIEL
Sie erschaffen sich einen musikalischen Anker, der nicht an die bisher gemeinsam verbrachte Beziehungszeit erinnert.

NÜTZLICHE ANREGUNG
Summen Sie die Melodie mit. In all den Situationen, in denen Sie keine Gelegenheit haben, das Befreiungslied aufzulegen, können Sie sich dadurch wirkungsvoll auf Ihren neuen Weg einstimmen.

46 Krafthaltung

Der Begriff Haltung kann sich sowohl auf Ihre körperliche Haltung als auch auf Ihren Seelenzustand und Ihr Verhalten beziehen. Das bewusste Einnehmen einer aufrechten Sitzhaltung kann zu einer Veränderung der inneren Haltung führen.

Setzen Sie sich auf einen Stuhl. Verweilen Sie einen Augenblick still in der Haltung, die Sie gerade eingenommen haben. Was nehmen Sie wahr? Sitzen Sie aufrecht oder gekrümmt? Haben Sie die Beine auf den Boden gestellt oder sind diese übereinandergeschlagen? Wie wirkt sich Ihre Haltung auf Ihr Gefühlsleben aus? Welches Gefühl passt am besten zu der von Ihnen eingenommenen Haltung?

Setzen Sie sich nun ganz bewusst aufrecht und mit geradem Rücken hin. Stellen Sie Ihre Füße parallel auf den Boden und spüren Sie die Verbindung hierzu. Die Hände sollen ganz entspannt auf den Oberschenkeln liegen. Stellen Sie sich vor, dass Kraft und Energie durch Ihre Wirbelsäule fließen, während Sie eine aufrechte Haltung einnehmen. Konzentrieren Sie sich dabei vollkommen auf die Wirbelsäule. Diese ist in Ihrer Fantasie wie ein Stab, durch den Kraft fließen und strömen kann. Sagen Sie sich dabei: »Ich tauche in die körpereigene Kraft ein.«

Beenden Sie die Übung, wenn Sie sich gestärkt fühlen.

ZIEL

Aufrechtes Sitzen kann das Gefühl von Ruhe, Kraft und Sicherheit vermitteln. Durch das bewusste Einnehmen einer anderen Sitzhaltung können Sie sich in eine psychisch stärkende Verfassung bringen.

NÜTZLICHE ANREGUNGEN

> Bewegen Sie sich im Laufe des Tages immer wieder ganz bewusst so, als ob Sie in Verbindung mit Ihrer inneren Kraft wären. Halten Sie sich dabei so aufrecht wie möglich.

> Nehmen Sie für einen kurzen Augenblick eine aufrechte Haltung ein, wenn Sie sich traurig oder verstimmt fühlen. Der Alltag ist das Übungsfeld, um in eine aufrechte und selbstbewusste Haltung hineinzuwachsen.

47 Rotstiftübung

Selbstakzeptanz heißt, sich nicht nur als starke und kompetente Person zu akzeptieren, sondern sich auch mit all seinen Schwächen und Fehlern zu mögen. Auch wenn der Trennungsschock zu einer Selbstwertkrise führte, können Sie sich Ihrer positiven Einzigartigkeit wieder bewusst werden.

Schreiben Sie mindestens fünf positive Eigenschaften über sich selbst auf. Benutzen Sie einen Zettel pro Eigenschaft. Hängen Sie diese Punkte an Ihren Kühlschrank oder irgendwo anders gut sichtbar auf. Wichtig ist, dass Ihr Blick möglichst oft auf Ihre positiven Selbstaussagen fallen sollte.

Arbeiten Sie daran, bisherige Selbstbegrenzungen, die als »Kraftkiller« fungierten, aufzulösen. Beobachten Sie Ihre selbstabwertenden Gedanken. Stellen Sie sich dabei vor, diese mit einem dicken Rotstift auszukreuzen. Stellen Sie sich dabei weiter ein Stoppschild vor. Verbinden Sie die Vorstellung des Stoppschildes ganz bewusst mit der inneren Absicht, Nein zu krafttötenden Gedanken zu sagen.

ZIEL

Sie lösen sich von Selbstabwertungen und bauen Gedanken an Erfolge und Fähigkeiten bewusst in Ihr alltägliches Leben ein.

NÜTZLICHE ANREGUNG

Sie können diese Übung abwandeln. Schreiben Sie Ihre täglichen Erfolge auf. Gewöhnen Sie es sich an, auch die kleinen Dinge, mit denen Sie zufrieden sein könnten, zu beachten. Je mehr Sie sich von hohen und vielleicht auch unrealistischen Ansprüchen zu lösen beginnen, desto besser werden Sie sich fühlen.

48 Steinübung

Manche Leute tragen Steine als Glücksbringer mit sich. Steinen werden ganz unterschiedliche Heilqualitäten zugesprochen. So soll zum Beispiel der Quarzstein Aventurin Ruhe und Geduld symbolisieren, seinen Trägern inneres Gleichgewicht schenken und persönliche Kräftigung fördern. Nutzen auch Sie die Kraft der Steine.

Gehen Sie an einen Ort in der Natur, an dem es viele Steine gibt. Ein Flussufer würde sich ganz besonders gut eignen. Sammeln Sie fünf Steine: einen für jede der vier Himmelsrichtungen und einen für die Mitte. Nehmen Sie Ihre Steine mit nach Hause.

Legen Sie den schönsten Stein, der für Sie Kraft und Stärke symbolisiert, in die Mitte und ordnen Sie die anderen Steine kreisförmig um den Mittelstein herum an. Der Stein in der Mitte soll Ihr Kraftstein sein, während Sie die anderen Steine benennen können, wie Sie möchten.

Wenden Sie sich dem Stein zu, der im Süden liegt. Wie soll er heißen? Stein des Loslassens, Stein des Trostes, Stein der Offenheit, Stein der Zuversicht? Oder soll es der Stein des Selbstschutzes oder der Stein der neuen Träume sein? Belegen Sie jeden einzelnen Stein mit einem Namen.

Nehmen Sie den Kraftstein in die Hand. Schließen Sie die Augen und halten Sie ihn in beiden Händen. Stellen Sie sich dabei vor, Sie könnten über den Stein Kraft aufnehmen. Wie fühlt sich das für Sie an?

Im Anschluss daran oder bei einer anderen Gelegenheit können Sie auch die anderen Steine nutzen. Falls Sie einen Trauerstein haben, können Sie diesen in die Hand nehmen und sich dabei vorstellen, Ihre Trauer in Gedanken an den Stein abzugeben. Der jeweilige Stein fungiert dann als Experimentierstein, mit dem Sie jeweils ganz unterschiedliche Erfahrungen machen können.

ZIEL

Das Steinritual kann bei richtiger Ausführung
wie eine Beschwörung wirken und Ihnen dabei
helfen, Kraft aufzubauen, neue Ideen zu entwickeln
und Schmerz, Wut oder Trauer loszulassen.

NÜTZLICHE ANREGUNG

Tragen Sie den jeweiligen Stein, mit dem Sie arbeiten möchten, bei sich.
Experimentieren Sie einfach damit. Wie fühlt es sich an, belastende
Gefühle und Gedanken an einen Stein abzugeben? Wie ist das, wenn
Sie in Situationen, in denen Sie Zuversicht und Kraft benötigen, einen
Stein in den Händen halten? Können Sie sich an ihm festhalten, Ihre
Finger beschäftigen und damit Nervosität eindämmen? Jedes Mal wird
Ihre Erfahrung eine ganz andere sein. Nehmen Sie dabei jeweils an, was
kommt.

49 Talenteübung

Sicherlich gibt es in Ihrer bisherigen Lebensgeschichte viele Situationen, in denen Sie sich voller Lebensfreude und Selbstvertrauen fühlten. Erinnern Sie sich an so eine Situation, die Sie allerdings unabhängig von Ihrem Expartner erlebt haben sollten.

Beschäftigen Sie sich mit der erinnerten Situation. Stellen Sie sich die Einzelheiten vor. Wo genau befanden Sie sich? Wer war bei Ihnen? Was haben Sie damals getan oder gesagt? Welche Gaben, Talente und Fähigkeiten standen Ihnen in der angedachten Situation zur Verfügung?

Woran (Aussehen, Verhalten, Worte) konnten andere bemerken, dass Sie in dieser Situation mit Ihrer inneren Kraftquelle verbunden waren?

Bringen Sie die Vergangenheit in die Gegenwart! Schildern Sie die erinnerte Situation, als ob diese jetzt in diesem Moment geschehen würde. Sprechen Sie dabei laut vor sich hin: »Ich bin ..., um mich herum ist ...«

Sprechen Sie alles aus, was Ihnen in diesem Zusammenhang einfällt.

Wie fühlen Sie sich jetzt? An was haben Sie gedacht? Handelt es sich möglicherweise um eine Erinnerung, die Ihnen schon lange entfallen war?

Suchen Sie im weiteren Verlauf des heutigen Tages möglichst häufig nach Gelegenheiten, um an die erinnerte positive Situation zu denken.

ZIEL

Die Erinnerung an eine Situation, in der Sie im Einklang mit sich selbst waren, kann dazu führen, dass sich Ihre Stimmung aufhellt und Sie sowohl die Gegenwart als auch die Zukunft optimistischer sehen können.

NÜTZLICHE ANREGUNG

Schauen Sie sich ein Foto neueren Datums von sich an, das Ihnen gefällt. Stellen Sie sich dabei vor, dass irgendjemand, der Sie mag, etwas sehr Positives über Sie, Ihre Fähigkeiten und Ihr Aussehen sagt.

Vorstellungsübungen

50 Eichenübung

Bäumen wird ganz unterschiedliche Heilwirkung zugeschrieben. In vielen Kulturen ist die Eiche den obersten Gottheiten geweiht. Die Germanen betrachteten die Eiche als Stärkungsbaum, der Kraft, Macht und Ausdauer symbolisierte. Gerichtssitzungen wurden in alten Zeiten unter Eichen abgehalten. Stimmen Sie sich bei folgender Übung auf die Kraft der Eiche ein.

Stellen Sie sich eine schöne, alte Eiche vor. Sie ist über tausend Jahre alt, prachtvoll und voller Lebenskraft. Standhaft und würdevoll steht sie da. Ihr Stamm ist gerade gewachsen und ihre Wurzeln reichen tief in das Erdreich hinein. Ihre Rinde verströmt einen herben Duft.

Unter dem Eichenbaum befindet sich eine kleine Bank. Stellen Sie sich jetzt vor, Sie könnten sich dort hinsetzen. Hören Sie das Rauschen des Windes in den kräftigen Ästen. Nehmen Sie die Landschaft, in der sich die Eiche befindet, wahr.

Stellen Sie sich für einen kurzen Moment vor, selbst dieser Baum zu sein. Schlüpfen Sie in den Stamm hinein, nehmen Sie Kontakt mit den Wurzeln auf, tanken Sie Kraft und Energie aus dem Erdreich. Lenken Sie Ihre Aufmerksamkeit auf eine Wurzel. Wie tief reicht sie nach unten? Welche Farbe hat sie? Verschmelzen Sie in der Vorstellung so intensiv wie möglich mit dieser Wurzel oder mit dem gesamten Wurzelwerk. Stellen Sie sich dabei vor, aus Ihren Fußsohlen könnten Wurzeln herauswachsen. Spüren Sie die Verankerung und Verwurzelung! Kein Sturm kann Sie entwurzeln!

Stellen Sie sich jetzt vor, irgendeine Baumgottheit könnte Ihnen eine hilfreiche Botschaft zuflüstern. Was fällt Ihnen als Erstes ein? Notieren Sie die Botschaft in Ihrem Neue-Wege-Tagebuch.

ZIEL
Die Übung führt zu einer Erdung, die nötig ist, um sich Stresssituationen gewachsen zu fühlen.

NÜTZLICHE ANREGUNGEN

> Probieren Sie aus, wie es ist, die Hand an einen Baum zu legen und sich dabei vorzustellen, dass Sie bei der Berührung mit dem Stamm Stärke und Kraft in sich aufnehmen. Schließen Sie dabei die Augen, um sich voll und ganz in Ihr Gefühl und die entstehenden Wahrnehmungen zu vertiefen.

> Konzentrieren Sie sich in Stresssituationen auf Ihre Wurzeln.

> Ein germanischer Text lautet: »Ich bitt um Kraft, du Eichenheld, bin hier an deinen Stamm gestellt.« Lehnen Sie sich auch einmal an einen Baum, um abzuschalten und Ihren Gedanken und Gefühlen freien Lauf zu lassen.

51 Schatzkästchen

Der Aufenthalt in der Natur kann eine stärkende Erfahrung sein. Bestimmte Landschaften laden geradewegs dazu ein, sich dort aufzuhalten, sich zu entspannen und das Wohlgefühl zu steigern. Erinnern Sie sich an so einen Ort? Finden Sie sich jetzt in der Vorstellung dort wieder ein.

Stellen Sie sich mit geschlossenen Augen vor, eine Schaufel in der Hand zu halten und ein Loch irgendwo an einem Ihnen vertrauten Ort zu graben. Machen Sie sich bereit, mit allen Sinnen wahrzunehmen.

Fühlen Sie den Holzstiel der Schaufel deutlich in Ihrer Hand. Hören Sie das Geräusch, das entsteht, wenn der metallene Teil der Schaufel auf den harten Erdboden trifft. Riechen Sie den Geruch der Erde. Nehmen Sie die Farben wahr, die Sie umgeben. Stellen Sie sich vor, dass es ganz leicht ist, tiefer in das Erdinnere vorzustoßen.

Plötzlich hören Sie ein Geräusch, weil die Schaufel an einen harten Gegenstand stößt. Es ist ein Kästchen aus Metall, das Sie herausholen sollen. Im Kästchen befindet sich irgendetwas, das Ihnen guttut und das Ihre Seele stärkt. Nehmen Sie die erstbeste Vorstellung an, die sich einstellt. Vielleicht ist es eine angenehme Erinnerung aus der Vergangenheit, vielleicht ist es ein plötzlicher hilfreicher Einfall.

Öffnen Sie die Augen. Denken Sie über Ihren Tagtraum nach. Überlegen Sie, wie Sie die erhaltene Botschaft in Ihrem Alltag nutzen könnten.

In Jasminas Vorstellung taucht ein großer, goldener Schlüssel auf. Ihr fällt dazu ein, dass sie selbst den Schlüssel in die Hand nehmen muss, um ihre persönlichen Lebenswünsche zu realisieren.

ZIEL

Diese Übung leitet Sie dazu an, Verantwortung zu übernehmen. Die Innenschau hilft Ihnen, kreativen Einfällen zu folgen.

NÜTZLICHE ANREGUNG

Stellen Sie sich gelegentlich vor dem Einschlafen vor, ein Schatzkästchen in der Hand zu halten. Es ist mit all den ichstärkenden Vorstellungen angefüllt, die Ihnen wertvoll und wichtig erscheinen.

52 Blumenübung

Stellen Sie sich eine große Frühlingswiese mit vielen bunten Blumen vor. Das Gras ist hoch und der Himmel blau.

Sehen Sie sich selbst irgendwo auf dieser Wiese stehen. Entdecken Sie Blumen, die Ihnen gefallen? Wie groß sind diese? Welche Farben haben sie?

Wählen Sie eine oder mehrere Blumen aus. Lassen Sie den gewählten Ausschnitt vor Ihrem Inneren Auge so deutlich werden, als ob Sie diesen real vor sich sehen würden.

Stellen Sie sich vor, ein Künstler zu sein. Welche Farben würden Sie verwenden, um die Wiese und die Blumen, die Sie sich gerade eben vorstellten, abzubilden? Welches Gefühl hätten Sie beim Malen des Bildes? Was würden Sie gerne noch hinzufügen, um Ihr Bild lebendiger zu gestalten?

Wählen Sie eine Farbe aus, die Ihnen guttut. Stellen Sie sich vor, diese mit jedem Atemzug in sich aufzunehmen. Mit langen, tiefen Atemzügen füllen Sie Ihren Brustraum mit der Farbe Ihrer Wahl.

Ramona stellt sich eine riesige Mohnblume vor. Sie atmet die Farbe Rot ein.

ZIEL

Die Vorstellung der Frühlingswiese aktiviert positive innere Erlebniswelten. Die Farbatmung entspannt zusätzlich das Nervensystem.

NÜTZLICHE ANREGUNG

Kürzen Sie die Übung ab. Nutzen Sie die Farbatmung in Momenten, in denen Sie sich geschwächt fühlen. Gewähren Sie sich ein wenig Zeit, um genau hinzuspüren, welche Farbe Ihnen guttun könnte.

53 Tonbad

Stellen Sie sich vor, am Ufer eines sonnengewärmten, türkisfarbenen Flusses zu stehen. Überall um Sie herum ist der Boden lehmig und Sie finden dort den allerbesten Ton.

Denken Sie dabei an eine Situation, in der Sie schon einmal Ton in den Händen hielten. Wie war das damals? Erinnern Sie sich an die biegsame, weiche Masse?

Hauchen Sie Ihrer Erinnerung Leben ein! Übertragen Sie Ihre damalige Erfahrung auf die Gegenwart. Wie fühlte es sich an, den Ton zu berühren? Wie fühlt es sich jetzt an, sich vorzustellen, knetbaren Ton in den Händen zu halten? Ermöglichen Sie Ihren Händen, in der Vorstellung damit zu spielen. Fertigen Sie – wenn Sie möchten – in der Vorstellung eine kleine Heilungsfigur an.

Reiben Sie Ihren Körper in Gedanken ganz mit Ton ein. Wie fühlt sich das auf der Haut an? Stellen Sie sich vor, dass der Ton die in Ihrem Körper gespeicherte Anspannung herauszieht. Denken Sie bewusst an Ihren Körper. Welcher Körperteil fühlt sich bei dieser Vorstellung gerade am wohlsten? Reiben Sie auch Ihr Gesicht mit Ton ein. Er entspannt und glättet die Gesichtshaut. Machen Sie sich bewusst, dass die Tonschicht auch im Schulter- und Nackenbereich aufgetragen ist. Nehmen Sie wahr, wie sich Verspannungen im Schulterbereich durch die Kraft der Vorstellung auflösen können.

Hüllen Sie sich in Ton ein. Lassen Sie sich ein wenig Zeit. Vielleicht empfinden Sie dabei eine angenehme Schwere, vielleicht auch wohltuende Leichtigkeit oder ein Kribbeln.

Legen Sie sich abschließend in warmes Wasser, um den Ton abzuspülen. Sagen Sie sich zum Abschluss Ihrer Vorstellungsübung den Satz »Ich fühle mich frisch, frei und entspannt«.

Diese Übung eignet sich ganz besonders gut, wenn Sie Entspannung benötigen. Dabei gleichen Sie körperliche und seelische Anspannung durch geeignete Vorstellungsbilder aus.

NÜTZLICHE ANREGUNG

Besorgen Sie sich etwas Ton. Sie können die positiven Auswirkungen der Übung beträchtlich steigern, wenn Sie während des Prozesses eine kleine Heilungsfigur formen.

54 Löschübung

Vergegenwärtigen Sie sich eine Streitsituation, in der Sie unter den verbalen Attacken und Vorwürfen Ihres Partners gelitten haben. Erinnern Sie sich an konkrete Sätze oder einzelne Worte. Wählen Sie eine Bemerkung aus, die Sie ganz besonders kränkend empfanden.

Schließen Sie die Augen und atmen Sie dreimal langsam ein und aus. Stellen Sie sich vor, dass der Sie belastende Satz oder das Sie verletzende Wort in roten Lettern auf einer Tafel geschrieben steht. Achten Sie dabei auf die Gefühle, die sich einstellen, während Sie sich den Satz oder das Wort vergegenwärtigen. Vielleicht empfinden Sie Wut, vielleicht überwiegt aber auch die Traurigkeit, weil Sie nicht verstanden wurden.

Holen Sie sich einen Schwamm. Löschen Sie die negative Botschaft. Stellen Sie sich jetzt einen positiven Satz, der Ihnen guttut, auf der Tafel vor. Vielleicht fällt Ihnen dabei ein Kompliment ein, das Sie kürzlich von jemandem gehört haben. Wie fühlen Sie sich jetzt? Welche Körperhaltung nehmen Sie ein?

Prägen Sie sich den positiven Satz ein, als wollten Sie ihn auswendig lernen. Öffnen Sie wieder die Augen. Sagen Sie sich dabei den positiven Satz laut vor.

ZIEL
Diese Übung leitet Sie dazu an, die eigene Verletzlichkeit in der Vorstellung anzuerkennen, aber auch einem positiven Gedanken Raum zu geben.

NÜTZLICHE ANREGUNG
Notieren Sie Ihren hilfreichen Satz auf einem Karteikärtchen, das Sie bei sich tragen. Lesen Sie ihn öfter einmal durch, damit sich die positive Botschaft in Ihrem Unterbewusstsein einprägen kann.

Rituale zur Neuorientierung:
Neue Sichtweisen aufbauen

Mit der Vergangenheit habe ich mich abgefunden, die Gegenwart
nehme ich aufmerksam wahr und für die Zukunft bin ich voller
Hoffnung.

Hazrat Inayat Khan

Sie nehmen in jedem Moment Ihres Lebens Informationen auf, die Sie interpretieren und in einen für Sie schlüssigen Zusammenhang stellen. Um jedes Ereignis bauen wir einen bestimmten Rahmen, der uns die Einordnung von Erlebnissen erleichtert. Aufgrund der bisherigen Erfahrungen und Erinnerungen werden diese Erlebnisse analysiert, bewertet und verarbeitet, damit wir entsprechende Reaktionsmöglichkeiten entwickeln können. Diese Vorgänge sind mehr oder weniger mit Gefühlen und Gedanken verknüpft.

Wir alle haben unsere individuelle Art der Wahrnehmung. Ein und derselbe Satz kann für jeden ganz unterschiedliche Bedeutungsinhalte haben. Allein durch die Erinnerung an die Fehlverhaltensweisen des Partners können sich die Atemfrequenz, der Herzschlag, der Blutdruck und der Adrenalinspiegel verändern. Wann immer Sie den Partner sehen oder etwas von ihm oder über ihn hören, können Sie sich seelisch und körperlich angespannt fühlen. Sie hängen dann belastenden Gedanken nach und wenden sich nur begrenzt positiven und zukunftsgestaltenden Tätigkeiten zu. Ihre persönliche Bewertung der Trennungserfahrung kann Ihr gesamtes körperliches und seelisches System beeinflussen.

Die in diesem Kapitel vorgestellten Rituale bieten Ihnen die Möglichkeit,

> Bewertungen, die zu verengten Sichtweisen führen, zu überprüfen und umzugestalten;
> Anregungen, die Ihre Aufmerksamkeit auf den gegenwärtigen Moment lenken, aufzugreifen;
> sich zukunftsorientierten Gedanken und Tätigkeiten zuzuwenden.

Sie bestimmen Ihren weiteren Lebensweg selbst. Sie sollten dabei eine positive Selbst- und Zukunftssicht entwerfen.

Wahrnehmungs- und Handlungsaufgaben

Lernen ist Bewegung von Moment zu Moment.
Jiddu Krishnamurti

55 Netzwerk

Psychologische Untersuchungen belegen, dass ein guter Kontakt mit dem Sie umgebenden sozialen Netzwerk (Eltern, Freunde, Nachbarn, Arbeitskollegen usw.) die Fähigkeit verbessert, mit Belastungen umzugehen.

Diese Übung macht Ihnen bewusst, welche Möglichkeiten Sie haben, Ihr persönliches Kontaktnetzwerk zu nutzen, um Kraft zu tanken und Unterstützung zu erhalten.

Schreiben Sie auf, wie viele Menschen zu Ihrem engeren Netzwerk gehören. Bewerten Sie auf einer Skala von 0 bis 10 (0 = überhaupt nicht, 10 = in hohem Maße), wie wahrscheinlich es ist, dass Sie von den genannten Personen Hilfen erhalten. Die von Ihnen genannten Personen könnten Sie auf unterschiedliche Weise unterstützen:

Informative Unterstützung

Sie erhalten wichtige Informationen, beispielsweise Auskunft über Fragen, die das Sorgerecht für die Kinder betreffen, oder Tipps im Hinblick auf das anstehende Scheidungsverfahren.

Gedankliche Unterstützung

Jemand ist dazu bereit, sich mit Ihnen im Gespräch auszutauschen, wodurch Sie eine neue Sichtweise Ihrer Situation gewinnen können.

Emotionale Unterstützung

Sie kennen jemanden, der Ihnen zuhört, sich in Ihre Problemlage einfühlt und bereit ist, Ihnen Anteilnahme entgegenzubringen, wenn Sie über Ihre Gefühle sprechen. Sie fühlen sich dabei verstanden und angenommen.

Materielle Unterstützung

Sie werden in Notsituationen materiell aufgefangen, das heißt, jemand in Ihrem Netzwerk bietet Ihnen (und eventuell Ihren Kindern) vorübergehend Wohnraum oder Geldmittel an, damit Sie sich mit Ihrer veränderten Lebenssituation besser zurechtfinden können.

Spirituelle Unterstützung

Das Wort Spiritualität hat vielschichtige Bedeutung. Spirituell sind Menschen, die eine Verbindung zu geistigen Themen haben. Es kann sich hierbei um religiöse Vorstellungen handeln oder um eine innere Haltung, die sich auf das Formlose (wie etwa nicht sichtbare Kräfte, wie zum Beispiel Engel und geistige Helfer) bezieht. Haben Sie jemand in Ihrem Umfeld, der Ihnen einen Engel als geistigen Beistand zur Seite stellt? Gibt es einen Menschen, der für Sie betet oder mit Ihnen meditiert, um gute Kräfte einzuladen? Spirituelle Hilfen sind tröstend. Sie berühren die Seele und Sie fühlen sich mit einem größeren Ganzen hilfreich verbunden.

Wer aus Ihrem Freundes- und Bekanntenkreis fällt Ihnen bei den konkret genannten Punkten spontan ein? Wer tut was für Sie in welchen Momenten? Vergegenwärtigen Sie sich das Ausmaß der Unterstützung, die Sie von anderen vielleicht jetzt schon erhalten.

Denken Sie an eine Situation, in der Sie Hilfe bei der Neugestaltung Ihres Lebens benötigen. Schreiben Sie auf, in welcher konkreten Situation Sie welche Art von Unterstützung brauchen und wer Ihnen diese Unterstützung gewähren könnte. Welche Form der Hilfe wünschen Sie sich? Sind Sie dazu in der Lage, Ihren Wunsch auch auszudrücken? Wann genau soll die gewünschte Hilfe einsetzen?

Machen Sie einen Realitätstest. Sprechen Sie die betreffende Person an. Schildern Sie die Situation und bitten Sie um entsprechende Hilfe.

Es ist manchmal schwer, nahestehende Personen um einen Gefallen zu bitten. Üben Sie deshalb Ihre Bitte so lange vor dem Spiegel ein, bis Sie diese gut und überzeugend formulieren können.

ZIEL

Sie lernen Hilfen in Ihrer unmittelbaren Umgebung zu aktivieren und anzunehmen. Das Formulieren eigener Wünsche und Ziele bringt Sie in Kontakt mit neuen Möglichkeiten.

NÜTZLICHE ANREGUNGEN

Es gibt viele Möglichkeiten, sich von anderen emotional unterstützen zu lassen:

> Lassen Sie sich in traurigen Momenten einfach einmal von Freunden einladen und bekochen.
> Bitten Sie jemanden aus Ihrem Bekanntenkreis, Ihnen eine kleine Geschichte oder ein schönes Gedicht vorzulesen.
> Lassen Sie sich Blumen schenken oder einen Blumenstrauß pflücken.

56 Wortschatzerweiterung

Die Art und Weise, wie Sie über den Expartner und die mit ihm verbrachte Beziehungszeit berichten, lässt erkennen, wie Sie noch zu ihm stehen. Fünf Jahre später würden Sie sicherlich ganz andere Worte benutzen, um die vergangene Beziehungszeit zu beschreiben, als unmittelbar nach einer Trennung. Eine Erzählform, die darauf ausgerichtet ist, von der Beziehung in der Vergangenheitsform zu sprechen, und die Ausdrücke enthält, die darauf hindeuten, dass Sie die Verabschiedung vollzogen haben, erleichtert eine realistische Situationswahrnehmung.

Beobachten Sie sich in Situationen, in denen Sie anderen von ihm/ihr erzählen. Wenn Sie überaus häufig so von der Vergangenheit erzählen, als wollten Sie diese Zeit zur Gegenwart machen, so fühlen Sie sich nach wie vor als Opfer der Umstände. Sie vermitteln sich selbst und anderen dadurch den Eindruck, keine Kontrolle über Ihr Leben und die Folgen der Trennung zu haben. Im Gegensatz zu vergangenheitsbezogenen Schilderungen, die Hilflosigkeitsempfindungen begünstigen, besteht eine auf die Zukunft hin ausgerichtete Handlungssprache aus Worten, die anzeigen, dass Sie die Trennung nicht nur äußerlich, sondern auch innerlich vollzogen haben.

Die folgende Aufstellung kann als Beispiel für eine Wortwahl gelten, die die Ablösung erschwert beziehungsweise erleichtert.

Ausdrucksweise, die Hilflosigkeits- gefühle erzeugt (= vergangenheitsbezogen)	Ausdrucksweise, die Handlungs- fähigkeit aktiviert (= zukunftsbezogen)
Warum-Fragen Sie denken fortwährend an die möglichen Gründe, die zum Auseinandergehen führten, und fragen sich, warum die Beziehung so und nicht anders abgelaufen ist.	*Bejahungs-Aussagen* Sie sagen Ja zur Trennung und akzeptieren, dass das Wissen um mögliche Tren- nungsgründe Ihren Schmerz nicht leichter macht.
Idealisierende Erzählungen Sie beschönigen in Ihren Erzählungen die Beziehung und blenden dabei Negativ- situationen aus.	*Realistische Erzählungen* Sie erzählen über den Verlauf der Beziehung und benennen die Schwierigkeiten.
Anklagende Du-bezogene Aussagen Sie erzählen anderen von den Schwächen und Fehlverhal- tensweisen Ihres Expartners und verlieren dabei den Kontakt zu sich selbst.	*Versöhnliche Ich-Aussagen* Sie erzählen anderen von Ihren gegenwärtigen Gefüh- len in der Ich-Form. Sie unterlassen es dabei, Einzel- heiten vergangener Situatio- nen, auf die Sie heute keinen Einfluss mehr haben, zu zitieren.

Hilflosigkeitswortschatz	Handlungswortschatz
Sie benutzen häufig Worte wie »Ohne ihn / sie kann ich nicht«, »Wenn er / ich nur … getan hätte«, »Ich kann alleine … nicht tun, weil …«, »Ich werde nie mehr …« usw.	Sie eignen sich eine lernbezogene Einstellung an. All die Dinge, die Ihnen bisher der Partner abgenommen hat, können Sie selbst erledigen. Dabei können Sie neue Dinge ausprobieren und – falls nötig – andere um Unterstützung bitten. Ihre Worte heißen dann »Ich finde eine Lösung«, »Ich kann … lernen« usw.

ZIEL
Der bewusste Einsatz einer auf die Gegenwart bezogenen Wortwahl erleichtert den Neubeginn.

NÜTZLICHE ANREGUNGEN

> Überprüfen Sie Ihre Worte auf unzulässige Verallgemeinerungen, wie zum Beispiel: »Ich werde mir nie einen besseren Lebensstandard leisten können.« Diese Wortwahl spricht dafür, dass Sie in Ihrem Denken und Sprechen nicht differenzieren und Situationen zu einseitig im Sinne eines Schwarz-Weiß-Denkens wahrnehmen.

> Entscheiden Sie sich dazu, Warum-Fragen und Formulierungen wie »Hätte ich doch …« sein zu lassen.

57 Es-war-einmal-Übung

Dieses Ritual ist eine Erweiterung der vorangegangenen Übung. Sie können es entweder allein zu Hause, bei einem Spaziergang im Wald oder bei einer Fahrt allein im Auto durchführen.

Erzählen Sie sich die Geschichte Ihrer Beziehung so, als ob sie vor zehn Jahren stattgefunden hätte. Erinnern Sie sich dabei sowohl an die schönen als auch an die weniger schönen Erlebnisse. Sprechen Sie dabei laut vor sich hin. Beginnen Sie Ihre Geschichte mit den Worten: »Es war einmal ein Paar, das sich vor zehn Jahren trennte, weil ...«

Konzentrieren Sie sich darauf, dass Sie durchgängig die Vergangenheitsform (ich wusste, ich spürte, ich tat, er / sie wollte nicht, dass ..., wir stritten, weil ...) verwenden.

Beenden Sie die Geschichte, wenn Sie den Eindruck haben, dass es Ihnen gelungen ist, eine mehr oder weniger wohltuende Distanz zu den jetzt belastenden Beziehungsereignissen gefunden zu haben.

Richten Sie Ihre Aufmerksamkeit auf den gegenwärtigen Moment. Was können Sie jetzt sehen, hören, riechen oder schmecken? Aktivieren Sie all Ihre Sinne. Konzentrieren Sie sich auf die Sie umgebenden Dinge und nehmen Sie all das wahr, was jetzt ist. Wenn Sie möchten, können Sie dabei auch wieder laut vor sich hin sprechen.

ZIEL
Die Wahl einer vergangenheitsbezogenen Berichterstattung wird dazu führen, dass es umso leichter fällt, sich für den Augenblick mit all den denkbaren neuen Möglichkeiten zu öffnen.

Verhalten Sie sich in Ihrem Alltag so, als ob die Trennung tatsächlich schon länger zurückliegen würde. Tun Sie einfach so, als ob Sie die mit der Trennung verbundenen Konsequenzen schon längst überwunden hätten. Sie werden merken, dass Sie durch diese Art des Verhaltens kühlen Kopf bewahren und sachlich planen und handeln können.

58 Rollenspiel

In einer Partnerschaft sind die Rollen unterschiedlich verteilt. Dies kann sich so äußern, dass einer der Partner mehr Ideen hinsichtlich der Freizeitgestaltung einbringt und der andere sich vor allem für die häuslichen Belange, zum Beispiel für die Verschönerung der Wohnräume, verantwortlich fühlt. Die Rollenvielfalt, mit der wir heutzutage konfrontiert sind, führt in Beziehungen zu Ungleichheiten und Überschneidungen in der Verteilung der Verantwortlichkeiten. Dies kann Ursache heftiger Auseinandersetzungen sein, die ein Paar letztlich auseinanderführen.

Welche Rollen haben Sie in Ihrer Expartnerschaft eingenommen? Orientieren Sie sich an den »Berufen«, die im Kreis auf der nächsten Seite genannt sind.

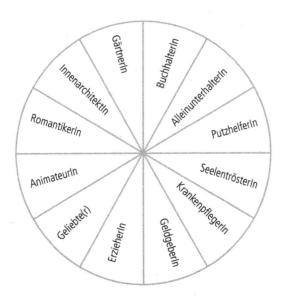

Tragen Sie im folgenden leeren Kreis die »Berufe« ein, die Sie in Ihrer Beziehung bisher gelebt haben. Verwenden Sie die im oberen Kreis genannten Berufe als Anregung und ergänzen Sie Ihren persönlichen Kreis mit den für Sie typischen Qualitäten. Geben Sie bei jedem genannten Beruf eine Prozentzahl an, die aussagen soll, wie gern Sie die jeweilige Rolle gespielt haben (100 Prozent = außerordentlich gern, 0–10 Prozent = gar nicht).

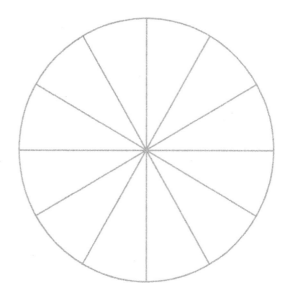

Bei welchen der genannten Punkte gab es Missverständnisse und
Enttäuschungen, weil entweder Sie oder Ihr Partner den mit jeder
Rolle verbundenen jeweiligen Erwartungen nicht gerecht werden
konnte? Welche Qualität hätten Sie in Ihrem eigenen Interesse
am besten ablegen sollen?

Ordnen Sie die jeweiligen Qualitäten in eine Hierarchie ein.
Von welchen Aufgaben trennen Sie sich nur äußerst ungern? Wel-
che Aufgaben würden Sie gern nach wie vor in einer zukünftigen
Partnerschaft übernehmen?

ZIEL
Die Übung möchte Sie dazu anregen, über
Aufgaben und Verantwortlichkeiten nachzudenken
und zu überlegen, was Sie verändern möchten, um
zukünftig im Einklang mit Ihren eigenen Zielen und
Bedürfnissen zu handeln.

Leben Sie die Aufgaben, die Ihnen guttun, in Ihrem Freundeskreis oder bei anderen Menschen? Falls nein, sollten Sie dies ändern!

59 Stuhlübung

Überzeugungen, die Ihnen selbstverständlich erscheinen mögen, können das Loslassen erschweren. Als Beispiel möchte ich Ihnen einige Aussagen meiner Klienten nennen: »In einer Beziehung soll jeder sein Bestes geben.« »Besser eine schlechte Beziehung als gar keine.« »Kinder brauchen beide Eltern. Also durchhalten.«

Denken Sie über mindestens fünf persönliche Überzeugungen nach, die dazu führen könnten, dass Sie sich bei der Gestaltung Ihres Lebens unwohl fühlen. Wählen Sie eine Ihrer Überzeugungen aus, um jetzt damit zu arbeiten. Stellen Sie zwei Stühle in einigem Abstand voneinander auf.

Stellen Sie sich vor, dass auf dem gegenüberliegenden Stuhl eine Person sitzt, welche genau die gegenteilige Meinung zu Ihnen vertritt. Mit welchen Argumenten würde dieser Jemand Ihre Überzeugung entkräften? Welcher Satz würde genau das Gegenteil Ihrer bisherigen Annahmen ausdrücken?

Setzen Sie sich jetzt auf den gegenüberliegenden Stuhl. Wie würde es sich für Sie anfühlen, genau das Gegenteil Ihrer bisherigen Meinung zu vertreten? Welche Handlungsspielräume ergäben sich? Was wäre dadurch in Ihrem Leben anders? Wer hätte einen Nutzen davon, wenn Sie das Gegenteil Ihrer bisherigen Auffassung verträten? Wem würde es schaden?

Setzen Sie sich dann wieder auf den ersten Stuhl. Überlegen Sie sich genau, in welcher Zeit Ihres Lebens Ihre bisherige Überzeugung entstanden ist. Handelt es sich um eine Meinung, die Sie von Ihrer Mutter oder Ihrem Vater übernommen haben?

Überlegen Sie, welchen Nutzen es für Sie hat, weiterhin an diesen Vorstellungen festzuhalten. Machen Sie sich dazu Notizen in Ihrem Neue-Wege-Tagebuch.

ZIEL
Sie denken über persönliche Meinungen und Einstellungen nach und nehmen eine kritische Distanz zu bisherigen Denkkonzepten ein.

NÜTZLICHE ANREGUNG
Sammeln Sie Anregungen zu den oben genannten Punkten. Diskutieren Sie über Ihre persönlichen Einstellungen mit Freunden.

60 Ressourcenerweiterung

Für Ihre persönliche Lebenssituation sind Sie selbst verantwortlich. Sie können diese Verantwortung auf niemanden abladen oder niemandem übertragen. Folgende Übung möchte Sie dazu einladen, über eine verantwortungsvolle Lebensführung nachzudenken.

Nehmen Sie sich Papier und Stift zur Hand. Schreiben Sie die Punkte auf, die Sie noch hilflos machen und das Bedürfnis wachrufen, an die Hand genommen zu werden. In welchen Lebensbereichen würden Sie gern andere für sich entscheiden lassen?

Überlegen Sie als Nächstes, welche Fähigkeiten oder Eigenschaften Sie bräuchten, um die von Ihnen genannten Situationen zufriedenstellend meistern zu können. Was müssten Sie tun, um eine oder mehrere der genannten Fähigkeiten zu entwickeln? Wo oder von wem könnten Sie lernen, die Sie hilflos machende Situation zu bewältigen?

Erstellen Sie einen Handlungsplan: Welchen ersten Schritt könnten Sie einleiten, um Hilflosigkeit abzubauen und Handlungskraft aufzubauen? Entscheiden Sie sich dazu, den bestmöglichen Schritt auszuführen. Legen Sie dabei zeitlich genau fest, wann Sie damit beginnen wollen.

ZIEL

Die Übung leitet Sie dazu an, Lösungen herauszufinden. Verantwortung übernehmen heißt, die entsprechenden Worte und Taten zu finden, um auf Herausforderungen reagieren zu können.

NÜTZLICHE ANREGUNGEN

> Gewöhnen Sie sich die innere Haltung an, bei Schwierigkeiten und Konflikten stets nach Lösungen zu suchen. Sie können sich jeder Herausforderung stellen, wenn Sie dazu bereit sind, zu lernen und zu wachsen.

> Beschäftigen Sie sich in Gedanken auch dann mit vorstellbaren Alternativen, wenn Sie noch nicht wissen sollten, wie diese real umgesetzt werden können.

61 Fantasievoller Single

Die folgenden Übungen A und B können Sie in Momenten nutzen, in denen Sie in eine negative Selbst- und Zukunftssicht abdriften.

Übung A

Erfinden Sie Sätze, die Sie ermutigen. Gehen Sie bei der Erstellung der Sätze nach folgender Anleitung vor:

Wählen Sie zuerst das Wort aus, mit dem Sie arbeiten möchten. Es kann sich um etwas Belebtes wie zum Beispiel eine Pflanze oder einen Baum handeln, aber auch um eine Märchenfigur oder etwas ganz anderes.

Beginnen Sie jeden Satz mit »Ich bin ...«. Bilden Sie Haupt- und Nebensatz. Folgen Sie einfach Ihren kreativen Einfällen, ohne diese zu werten. Nehmen Sie dabei eine spielerische Haltung ein. Beispiele hierfür sind:

> »Ich bin ein Baum, der dicke Wurzeln hat.«
> »Ich bin eine kostbare Blüte, die gut duftet.«
> »Ich bin die Lösung, die zur Tür hereinspaziert kommt.«
> »Ich bin die neue Wohnung, die sich toll einrichten lässt.«
> »Ich bin ein bunter Schmetterling, der in die Freiheit fliegen kann.«

Übung B

Nehmen Sie einen Spiegel zur Hand. Bevor Sie in den Spiegel hineinsehen, sollten Sie sich vorstellen, sich selbst als einer Person zu begegnen, die der Zukunft hoffnungsfroh entgegensieht. Denken Sie dabei an ein zukünftiges Ereignis, auf das Sie sich freuen können. Betrachten Sie sich jetzt mit wachen, aufmerksamen Augen. Stellen Sie sich dabei die Frage: »Was will ich als Single?«

Lassen Sie sich dazu Antworten einfallen, die auch ungewöhnlich ausfallen können, wie das Beispiel von Sigrid (44 Jahre) zeigt:

> Als Single will ich nette Leute kennenlernen.
> Als Single will ich den Motorradführerschein machen.
> Als Single will ich mir heute vornehmen, einen Mann, der mir gefällt, mit Seifenblasen anzupusten.

Die Übung ist leicht durchzuführen, wenn Sie sich darauf einlassen, Ihren spontanen Assoziationen zu folgen.

ZIEL
Sie nähern sich auf spielerische Art und Weise den Herausforderungen, denen Sie als Single begegnen werden.

NÜTZLICHE ANREGUNG
Erinnern Sie sich an eine Zeit, in der Sie ohne Partner waren. Was hat Ihnen damals ganz besonders viel Spaß gemacht? Probieren Sie es einfach wieder einmal aus!

62 Energiesteigerung

Nehmen Sie ein Blatt Papier und Farben zur Hand. Legen Sie ein Musikstück ein, das Sie seit Kurzem sehr gerne hören. Ihre Aufgabe wird es nun sein, während des Musikhörens ein Bild zu malen. Entscheiden Sie sich vorab für ein Thema, zu dem Sie Formen, Farben, Figuren oder anderes entstehen lassen möchten. Sie können sich auch eine Farbe, die Ihnen heute guttut, auswählen, um ein Kritzelbild zu erstellen. Wählen Sie ein Thema aus, das sich auf die Zukunft bezieht, wie zum Beispiel »Ich gehe neue Wege«, »Mein neues Leben darf bunt sein« oder »Die neue Tür, die sich öffnet«. Lassen Sie sich von den Tönen der Musik führen. Es geht darum, dass Sie ganz in das Hier und Jetzt eintauchen und Ihre Gedanken für einen kurzen Moment zur Seite stellen. Betrachten Sie die Musik wie eine aktive Partnerin, mit der Sie in Dialog treten können und die Sie anleitet, ein wohltuendes Entspannungsbild entstehen zu lassen.

ZIEL

Sie sind bereit, sich kurzfristig von Ihrer Gedankenwelt zu lösen und neue Erfahrungen zu machen. Dabei kann die Musik wie eine tröstende Freundin für Sie aktiv werden und Sie ermutigen, neue und unvertraute Wege zu gehen. Sie spielen mit Farben und Formen und können sich dabei von Perfektionsansprüchen lösen.

NÜTZLICHE ANREGUNGEN

> Nutzen Sie gezielt einzelne Musikstücke, die Sie ermutigen, Ihren Blick positiv auf die Zukunft zu lenken. Wählen Sie Stücke aus, die ein angenehmes und positives Gefühl auslösen.

> Legen Sie sich eine Neue Wege-Musikbibliothek an. Überlegen Sie bei jedem Musikstück, das Ihnen zusagt, bei welchen zukünftigen Themen Sie gerade dieses Stück unterstützen könnte. Sie können sich dabei an folgendem Beispiel orientieren:
Das Stück (Name) von (Interpret) macht mir Mut, um ... (zum

Beispiel die Wahrheit zu sagen, bei der Trennung meine Interessen zu vertreten) oder

Das Stück (Name) von (Interpret) hilft mir, weil … (ich zum Beispiel Vertrauen in meine neuen Wege entwickle).

Ihr Stück: …

Name: …

Interpret: …

Ihr persönlicher Satz: …

Vorstellungsübungen

Ziele nach dem Mond. Selbst wenn du ihn verpasst, wirst du zwischen den Sternen landen.

Lee Brown

63 Magische Zielerreichung

Denken Sie an ein Ziel, das sich auf Ihr zukünftiges Leben beziehen soll. Schreiben Sie dieses Ziel auf und formulieren Sie eine mögliche Handlung, die dazu führen könnte, dass Sie das gewünschte Ziel tatsächlich erreichen. Formulieren Sie so konkret wie möglich, beispielsweise: »Ich möchte in Situation X Ergebnis Y erzielen. Ich tue dafür … und lasse … sein.«

Stellen Sie sich vor, dass Ihr Ziel zu einem kostbaren Stein (zum Beispiel einem Brillanten oder einem Diamanten) wird. Er ist so klein, dass Sie ihn berühren können. Der Stein soll sich in Ihrer Vorstellung in Ihre Hand schmiegen.

Welche Empfindung stellt sich dabei ein? Vielleicht Wärme oder Kühle, Leichtigkeit oder irgendein anderes Gefühl? Finden Sie ein Wort, das gut passt, um die dabei entstehende Empfindung zu benennen. Vielleicht bemerken Sie, wie Sie langsam und allmählich zu entspannen beginnen.

Lassen Sie zudem Ihren Atem in den Bauchraum, in den Beckenbereich, in die Beine bis hin zu Ihren Fußsohlen strömen. Kombinieren Sie Ihren Atem mit der Vorstellung, dass Ihr gesamter Körper in Entspannung einsinkt.

Beenden Sie die Übung nach einer Weile mit einem Gähnen, Dehnen oder Räkeln.

ZIEL

Der spielerische Umgang mit einem Ziel führt zu einem Nachlassen der körperlichen Anspannung und lässt eine positive Erwartung aufkommen.

NÜTZLICHE ANREGUNG

Nehmen Sie sich heute mehrmals am Tag ein wenig Zeit. Schließen Sie die Augen, um Kontakt mit dem Stein der Zuversicht aufzunehmen. Denken Sie dabei auch an die von Ihnen beabsichtigte Handlung.

64 Zukunftsschau

Denken Sie an einen Plan, den Sie gerne in diesem oder im nächsten Monat realisieren möchten. Welche Eigenschaft, Qualität, Fähigkeit oder Fertigkeit bräuchten Sie, um das genannte Ziel erreichen zu können? Nehmen Sie eine bequeme Haltung ein, in der Entspannung leicht möglich ist, und schließen Sie die Augen.

Stellen Sie sich einen Gang mit vielen Türen vor. Eine Tür

zieht Sie ganz besonders an. Sie trägt ein Schild, auf dem genau die Qualität, Eigenschaft, Fähigkeit oder Fertigkeit angeschrieben steht, die Sie sich gerade wünschen. Treten Sie ein.

In dem Raum, den Sie betreten, befindet sich eine große Kinoleinwand. Dort sehen Sie einen Film, der Sie in einer Situation zeigt, in der Sie die gewünschte Fähigkeit schon erworben haben. Es ist, als ob sich Ihr Wunsch schon erfüllt hätte. Sie sehen sich in Ihrer persönlichen Vorstellung genau so handeln, wie es den Erfordernissen der vorgestellten Zielsituation entspricht.

An welchem Verhalten, an welcher Wortwahl oder welcher Körperhaltung zeigt sich, dass Sie die gewünschte Eigenschaft, Qualität, Fähigkeit oder Fertigkeit in Handlung umgesetzt haben?

Bevor Sie gehen, fällt Ihr Blick noch einmal auf die Leinwand. Sie bemerken, dass eine für Sie persönlich wichtige Botschaft in großen Lettern auf der Kinoleinwand angeschrieben steht. Wie heißt die für Sie bestimmte Botschaft? Wie fühlen Sie sich damit?

Notieren Sie Ihre Einfälle in Ihrem Neue-Wege-Tagebuch.

ZIEL

Die Übung wirkt im Sinne eines Probehandelns. Sie stellen sich eine Fähigkeit vor, die Sie sich zukünftig in einer bestimmten Situation wünschen, und gewinnen dabei hilfreiche Einsichten.

NÜTZLICHE ANREGUNG

Was würde geschehen, wenn Sie Ihre wissende Innere Stimme öfter um hilfreiche Botschaften bitten würden? Erinnern Sie sich an eine Situation, bei der Sie Ihrer Inneren Weisheit vertraut haben und sich Ihre Intuition als richtig erwiesen hat. Denken Sie darüber nach, was diese Erfahrung damals bei Ihnen ausgelöst und zu welchen Konsequenzen sie geführt hat.

65 Neue-Heimat-Übung

Setzen Sie sich mit geschlossenen Augen ganz bequem hin.

Stellen Sie sich das Haus oder die Wohnung, in dem / der Sie mit dem ehemaligen Partner lebten, ganz genau vor. Wie sieht es dort aus? Was mochten Sie in diesen Zimmern ganz besonders gern und worauf könnten Sie gut verzichten?

Gehen Sie in der Vorstellung noch einmal durch die Räume. Wie wirken diese atmosphärisch auf Sie? Verabschieden Sie sich von den Dingen, die Ihnen ganz besonders lieb und teuer waren. Sie können sich dabei auch vorstellen, die einzelnen Gegenstände noch einmal zu berühren.

Verlassen Sie jetzt dieses Haus. Verabschieden Sie sich auch – falls vorhanden – vom Garten und der Ihnen vertrauten äußeren Umgebung. Stellen Sie sich vor, langsam wegzugehen.

Breiten Sie einen dunklen Vorhang über die Szene. Ein neuer Akt beginnt. Atmen Sie tief ein und aus. Sagen Sie sich dabei den Satz: »Ich gestalte heute meine Zukunft.«

Lassen Sie in Ihrer Vorstellung ein Haus entstehen, das symbolisch für eine erfolgreiche Zukunft stehen könnte. Wie sehen die Zimmer aus? Wie gestalten Sie Ihr Lieblingszimmer? Welche Kleidung werden Sie in diesem Haus bevorzugt tragen? Wie werden Sie Ihre Gäste empfangen? Woran wird man in diesem Haus bemerken können, dass Sie Ihr Leben wieder im Griff haben und auch ohne ihn / sie zufrieden leben können?

Beenden Sie die Übung. Sehen Sie sich in Ihrer Wohnung aufmerksam um. Verändern Sie irgendeine Kleinigkeit, die Ihnen spontan auffällt.

ZIEL

Sie stimmen sich auf Ihre veränderte Lebenssituation ein und nehmen dabei eine reale
Veränderung vor.

NÜTZLICHE ANREGUNG

Auch wenn Sie Ihre jetzige Lebenssituation als Übergang betrachten,
sollten Sie es sich in Ihren vier Wänden so gemütlich wie möglich
machen, damit Sie sich wirklich wohlfühlen. Werden Sie zum erfolgreichen Innenarchitekten, der liebevoll einrichten und gestalten kann.
Sie tun es für sich und für niemand anderen.

66 Helfende Kräfte sind überall

Suchen Sie sich auf einem Ihrer nächsten Spaziergänge einen
Baum, einen Strauch oder eine Steinformation aus, die Ihnen gefällt. Das gewählte Naturobjekt sollte nicht zu weit von Ihrem
Wohnort entfernt sein, damit Sie bei Bedarf öfter dorthin gehen
können, um erneut Kontakt aufzunehmen.

Betrachten Sie Ihre Wahl ganz genau. Welche Farben hat das
gewählte Naturobjekt? Welche Form? Verweilen Sie dort eine
Weile, um zu spüren, wie es Ihnen in Kontakt mit dem gewählten
Objekt geht. Berühren Sie es und achten Sie auf die Empfindungen, die sich bei Ihnen einzustellen beginnen. Vielleicht möchten
Sie die Augen schließen und um eine Botschaft bitten, die Sie dabei unterstützt, neue Wege einzuschlagen.

Kehren Sie nach Hause zurück. Nehmen Sie eine entspannte
Sitzhaltung ein und stellen Sie sich das Naturobjekt mit geschlossenen Augen vor. Welche Farben nehmen Sie wahr? Welches Gefühl stellt sich ein? Nehmen Sie auch Einzelheiten in der Umge-

bung wahr. Bauen Sie in der Imagination eine Beziehung zu Ihrem Naturobjekt auf und stellen Sie sich vor, es sei ein Lebewesen, mit dem Sie in Dialog treten können. Stellen Sie in Gedanken eine Frage und achten Sie darauf, ob Sie eine Antwort hören. Besuchen Sie Ihr Kraftobjekt aus der Natur in der Realität und in der Imagination so oft wie nur möglich. Bauen Sie ein positives Kraftfeld zwischen sich und dem gewählten Objekt auf.

ZIEL

Die Natur ist eine Kraftquelle, die wir bewusst nutzen können, um uns von belastenden Gedanken des Alltags abzulenken und Hoffnung und Zuversicht aufzubauen. Wir können die belebte Natur aktiv nutzen, um uns in Kontakt mit ihr für die Botschaften der Inneren Weisheit zu öffnen.

NÜTZLICHE ANREGUNGEN

> Nehmen Sie etwas, das Sie in der Umgebung Ihres gewählten Naturobjekts finden, mit nach Hause (zum Beispiel ein Stück Baumrinde, einen kleinen Zweig, einen Stein). Halten Sie Ihr Fundstück während der Imagination in der Hand. Konzentrieren Sie sich auf Ihren Naturschatz und lassen Sie dazu Gefühle, Bilder und Vorstellungen entstehen.

> Fotografieren Sie Ihren besonderen Ort. Holen Sie das Foto hervor, bevor Sie eine neue Unternehmung planen. Sehen Sie das Foto einfach an und spüren Sie, dass Sie im Hier und Jetzt angekommen sind und die Vergangenheit schon längst abgeschlossen ist.

Meditation

In der folgenden Meditation können Sie das Loslassen immer wieder von Neuem praktizieren. Die Meditation wird Ihre Bereitschaft stärken, sich auf einen neuen Weg als Single einzulassen. Lassen Sie sich die Meditation von jemandem vorlesen oder nehmen Sie diese auf Kassette auf. In Krisensituationen können Sie sich den Text anhören, um immer wieder neu Abstand und Distanz zu gewinnen.

Setzen oder legen Sie sich ganz bequem hin. Nehmen Sie Kontakt mit Ihrem Atem auf. Beobachten Sie, wie sich der Brustkorb mit jedem Ein- und Ausatmen hebt und senkt.

Schließen Sie die Augen. Stellen Sie sich eine Tür vor. Sie öffnen die Tür und entdecken in dem sich öffnenden Raum Ihren Expartner. Wie wirkt er auf Sie? Was denken Sie über ihn? Was fühlen Sie, während Sie ihm gegenüberstehen? Sehen Sie ihm in die Augen. Wie ist sein Augenausdruck? Welche Ausstrahlung geht von ihm aus?

Sprechen Sie in der Vorstellung mit Ihrem ehemaligen Partner. Benennen Sie die Dinge, die Ihnen am Herzen liegen. Es kann sich um Wünsche, Sehnsüchte, Vorwürfe oder Forderungen handeln. Lassen Sie sich dafür all die Zeit, die Sie benötigen.

Sprechen Sie dann Worte der Verabschiedung aus. Sagen Sie ihm / ihr zum Beispiel:

Ich löse mich von dir und finde meinen eigenen Weg.
Oder:
Ich wachse an meinen Herausforderungen.

Sie können an dieser Stelle auch einen eigenen Satz einfügen, der Sie ganz persönlich anspricht.

Ihr persönlicher Satz: ...

Stellen Sie sich jetzt vor, dass Sie die Tür schließen. Eine hilfreiche Gestalt, vielleicht jemand, den Sie persönlich kennen, oder eine Fantasiegestalt, zum Beispiel ein Schutzengel oder eine alte, weise Frau beziehungsweise ein alter, weiser Mann, begleitet Sie auf Ihrem Weg. Ihr Helfer steht hinter Ihnen und lenkt Ihre Schritte in die entgegengesetzte Richtung.

Finden Sie sich auf einer wunderschönen Sommerwiese ein. Vielleicht erinnern Sie sich dabei an eine Wiese, die Ihnen vertraut ist. Oder Sie stellen sich eine Wiese vor, die Sie noch nicht kennen. Es hat geregnet und die ersten Sonnenstrahlen scheinen auf die nass glänzenden Grashalme. Vor Ihnen entsteht ein großer, strahlender Regenbogen, der den ganzen Himmel umspannt.

Stellen Sie sich vor, dass ein kleiner Pfad über die Wiese zum Ufer eines kleinen Sees führt. Legen Sie Ihre Kleider ab, um sich vom Wasser erfrischen zu lassen. Wasser hat Heilkraft! Die erfrischende Kühle des Wassers reinigt und heilt. Sie bemerken, wie neue Lebenskraft in Sie einströmt. Vergegenwärtigen Sie sich dabei, dass – so wie sich die Wellen im Wasser bewegen – auch in Ihrem Leben Rhythmus, Bewegung und Veränderung stattfinden werden.

Kehren Sie ans Ufer zurück. Die Sonne scheint warm auf Ihre Haut und trocknet sie. Während Sie sich einen schönen Platz suchen, um auszuruhen, ist es Ihnen, als hörten Sie eine Melodie. Jemand singt die Worte »Frei sein ist das neue Leben«.

Denken Sie jetzt mit jedem Einatmen an das Wort »frei« und mit jedem Ausatmen an das Wort »sein«. Atmen Sie mehrmals ein und aus.

Bewegen Sie dann die Finger, die Arme und die Beine, um die Meditation zu beenden.

Auswertung der Meditation

) Welcher Teil der inneren Reise hat sich für Sie am besten angefühlt? Was war weniger angenehm?

) An welchem Punkt hätten Sie die Meditation gern abgebrochen?

) Welche Vorstellung könnten Sie als Stärkungsbild im Alltag einsetzen, um sich mit den Folgen der Trennung leichter zurechtzufinden?

NÜTZLICHE ANREGUNGEN

) Notieren Sie Ihre Erfahrungen in Ihrem Neue-Wege-Tagebuch. Bei jedem neuen Durchgang werden sich andere innere Bilder und Gedanken einstellen. Es kann interessant sein, Ihren Veränderungsprozess über eine längere Zeitspanne hinweg zu beobachten.

) Stellen Sie sich in schwierigen Phasen immer wieder vor, wie Sie ein kühlendes, erfrischendes und reinigendes Bad nehmen, um Ihren Kummer und Ihre Sorgen abzuwaschen.

Die Kunst des Loslassens
und Neugestaltens

Gleich zu Beginn dieses Buches begegnete Ihnen der Spruch von Khalil Gibran: »Nur auf dem Pfad der Nacht erreicht man die Morgenröte.«

Sprechen Sie diese Worte laut vor sich hin. Schließen Sie dabei für einen kurzen Moment Ihre Augen. Beobachten Sie die Bilder, Gedanken und Gefühle, die sich in Ihrem Inneren jetzt formen.

Sie haben dunkle Momente erlebt und sind in vielen Stunden des Alleinseins Ihren Gefühlen begegnet. Ihr Weg führte Sie während des Lesens dieses Buches zu vielen neuen und bewegenden Erfahrungen. Es gab keinen Stillstand. Erinnerungen wurden wach und wandelten sich. Ängste stellten sich ein, lähmten zuerst und motivierten dann dazu, neue Herausforderungen anzunehmen. Sie tauchten in Emotionen ein, die sich anfühlten, als würden Sie durch eine dunkle Röhre in unergründliche Tiefen gezogen. Sie wanderten auf Ihre ganz persönliche Art auf dem Pfad der Nacht und bewegten sich Schritt für Schritt auf ein vielleicht noch unbekanntes oder noch nicht benennbares Ziel zu. Vielleicht fühlten Sie sich dabei in vielen Momenten sehr einsam oder hilflos, vielleicht aber auch trotzig und dazu bereit, alles zu wagen. Die Rituale und Übungen sollten Sie bei Ihrem Bedürfnis, sich zu heilen und zu trösten, unterstützen und Ihnen neue Impulse geben. Auf dem weiteren Weg werden Sie immer wieder Wegweisern in Form von Ideen, Gedanken, Ahnungen, Träumen und emotionalen Wahrnehmungen begegnen.

Sie haben sich verändert! Ihr Schreiten auf dem neuen Weg

wird Sie auf andere Straßen und zu neuen Erfahrungen führen, die das Herz wieder öffnen können. Selbst der beschwerlichste Weg in tief dunkler Nacht ist zu bewältigen, wenn das Wissen um die irgendwann sich ausbreitende Morgenröte die Hoffnung wachhält. Der Weg durch die Nacht verläuft in einem benennbaren Zeitraum. Es ist ein machtvoller Weg, der zu Wachstum und Veränderung führt.

Wie fühlen Sie sich jetzt? Wie haben Sie den Weg empfunden? Wie viel schweres Gepäck schleppen Sie noch mit? Wie fühlen Sie sich für die Weiterreise gerüstet? Wohin führt Sie Ihr weiterer Weg? Welche Ausrüstung und welche Begleitung sind für Sie stimmig und richtig? Welchen heilenden, tröstlichen Gedanken nehmen Sie als stärkende Wegbegleitung mit?

Die Reise, die wir miteinander machten, soll nicht mit meinen, sondern mit Ihren persönlichen Worten enden.

Ihr persönlicher Satz für den weiteren Weg lautet: ...

Was auch immer auf Sie zukommen mag, vergessen Sie nie, an Ihre Kraft, Ihre Stärke, Ihre Zuversicht und Ihren Mut zu glauben. Ich wünsche Ihnen Erfolg auf dem Weg durch die Nacht in einen strahlenden Morgen.

Literaturhinweise

Basciano, Christina: *Trennungsschmerz. So gehen Sie mit dem Ende einer Beziehung besser um*, München: mvg, 2. Aufl. 2004

Eberwein, Werner: *Den Traumpartner finden ... denn alleine war ich lang genug. Selbsthypnose mit Musik*, München: Kösel 1998 (CD)

Ford, Debbie: *Trennung als Chance. Auseinander gehen, weitergehen, innerlich wachsen*, München: Heyne 2006

Großhans, Lore: *Danke, dass du mich verlassen hast. Entdecken Sie Ihre Trennung als positive Wende in Ihrem Leben*, München: Goldmann 2001

Jung, Mathias: *Trennung als Aufbruch. Bleiben oder gehen? Ein Ratgeber aus der Praxis*, München: dtv 2006

Lüpkes, Sandra: *Ich verlasse dich. Ein Ratgeber für den, der geht*, Frankfurt / M.: Krüger, 5. Aufl. 2008

Moseley, Doug; Moseley, Naomi: *Neuer Partner, neues Glück. So gelingt Ihre nächste Beziehung*, Stuttgart: Klett-Cotta 2009

Petri, Horst: *Verlassen und verlassen werden. Angst, Wut, Trauer und Neubeginn bei gescheiterten Beziehungen*, Stuttgart: Kreuz 2005

Poulter, Stephan: *Der Ex-Faktor. 6 Strategien für ein neues Leben nach der Trennung*, Weinheim: Beltz 2010

Rabaa, Volker: *Trennung, Scheidung, Scheidungsfolgen. Rat vom Scheidungsanwalt*, Heimsheim: printsystem Medienverlag, 2. Aufl. 2008

Voelchert, Mathias: *Trennung in Liebe ... damit Freundschaft bleibt*, München: Kösel, 3. Aufl. 2010

Webb, Dwight: *Ab heute ohne dich. 50 Tipps für ein Leben nach der Trennung*, München: Piper, 3. Aufl. 2008

Wolf, Doris: *Wenn der Partner geht. Wege zur Bewältigung von Trennung und Scheidung*, Mannheim: Pal, 17. Aufl. 2004